CHRISTOPH FASCHING

„Programmcode: Lebenslust & Liebe“

Programmcode: Lebenslust & Liebe

Arbeits- und Lehrbuch

CHRISTOPH FASCHING

Umschlaggestaltung: Iconic Werbeagentur GmbH, Wien
Titelfoto: Martin Stellenberger
Lektorat: Dr. Eberhard Riedel
Druck: Create Space / Amazon
ISBN: 978-1484968345

www.botschafterdeslichts.com

Ich widme dieses Buch allen Menschen, die in ihrem Herzen mit mir die tiefe Sehnsucht nach einem glücklichen Leben in einer veränderten Welt teilen, in der die Menschheit in Liebe vereint, in Frieden und Freiheit mit allen Wesenheiten der Erde eine harmonische Lebensgemeinschaft bildet. Im Besonderen widme ich dieses Buch jenen, die den Ausgangspunkt für den Wandel in sich selbst erkennen.

Christoph Fasching

Inhaltsverzeichnis

Vorwort und Zielsetzung

Ein kritischer Blick in unsere Welt führt uns vor Augen, dass die Anzahl der Menschen, die in allen Lebenslagen vollkommen zufrieden und wunschlos glücklich sind, eine verschwindende Minderheit darstellt. Fast jeder wünscht sich in einem oder mehreren Bereichen seines Seins eine Veränderung und ganz viele sehnen sich danach, ein grundlegend verändertes Leben führen zu können. Zum Leidwesen der Betroffenen bleiben ihnen jedoch die meisten dieser Wünsche unerfüllt! Wenn Sie nicht nur ein zufriedenes Leben, sondern ein mit Sinn erfülltes und in allen Lebenslagen glückliches Erdenleben anstreben, dann werden die folgenden Seiten für Sie eine willkommene Bereicherung sein und Ihnen eine neue Perspektive eröffnen, aus der Sie Ihr Dasein nicht nur in einem völlig anderen Licht betrachten, sondern schnell und nachhaltig nach ihren Vorstellungen verändern können. Sie halten einen Schlüssel in Händen, der Ihnen Zugang zu den tief in Ihrem Unterbewusstsein verankerten Mustern und Programmen gewährt, die dafür verantwortlich sind, dass vieles nicht nach Ihren Herzenswünschen verläuft.

So seltsam und ungewöhnlich es auch klingen mag, aber im Normalzustand ist ein Mensch wunschlos glücklich, doch wer ist das heute schon? Die Mehrheit der Menschen empfindet ihr Leben als schwer und sie sind frustriert. Machen Sie einen Blick in den Spiegel – strahlen Sie vor Glück? Warum gibt es so viele Dramen? Weshalb lebt die Mehrheit im Mangel? Sehen Sie sich die Menschen auf der Straße an, wie viele haben leuchtende Augen? Weshalb finden so viele Menschen keinen anderen Ausweg mehr, als sich das Leben zu nehmen? Was sind die Ursachen für Krieg und Terror im Kleinen wie im Großen? Warum lebt eine Milliarde Menschen in Armut? Warum haben die immer zahlreicher werdenden Psychotherapeuten übervolle Terminkalender? Weshalb gibt es so viele Krankheiten? Warum stehen wir uns selbst immer wieder im Wege und verpassen dadurch die besten Gelegenheiten? Ich könnte das endlos so fortsetzen ...

Scheinbar logisch nachvollziehbare Erklärungen für den Istzustand gibt es viele, nachhaltige Lösungen hingegen nur selten. Die Behandlung der Symptome reicht nicht mehr aus, wir müssen uns auf die Suche nach den wahren Ursachen für unsere Lebensumstände begeben. Im Zuge meiner Forschungsarbeit bin ich tief im Unterbewusstsein fündig geworden und auf Prägungen gestoßen, die das Leben jedes Einzelnen und auch das kollektive Erleben maßgebend bestimmen. Diese weitreichende Erkenntnis führte mich auch zu einer simplen Technik, die es jedem ermöglicht, diese Muster selbst zu erkennen, zu löschen und durch neue, seinem Streben nach einem erfüllten Leben dienliche Programme zu ersetzen. Sie stehen vor der Möglichkeit, in Ihrem Bewusstsein die Muster zu entdecken, die Sie daran hindern, nur noch glückliche Momente zu erleben und diese Muster ganz einfach zu beseitigen. Sie können sich beispielsweise von Unzufriedenheit, Ängsten, Frustration, emotionalen Auseinandersetzungen aller Art, finanziellen und beruflichen Schwierigkeiten und vielem mehr für immer lösen und sich auf ein Leben voller Fülle, Freude, Liebe und Glückseligkeit einstellen.

Dieses Buch ist eine Zusammenfassung meiner Erkenntnisse der letzten Jahre, die ich im Zuge meiner Forschungsarbeit auf dem Sektor des menschlichen Bewusstseins und meiner eigenen Entwicklung während dieser Zeit erlangen durfte. Es erwartet Sie keinesfalls eine typisch männliche, von der linken Gehirnhälfte dominierte, wissenschaftliche Abhandlung mit schwer verständlichen Begriffen und mühsamen Beweisführungen, sondern eine praxisbezogene Darstellung, wie wir Menschen funktionieren und wie die in uns veranlagten Programme unser tägliches Leben bestimmen und unnötigerweise immer wieder zu den gleichen, wenig zufriedenstellenden Ergebnissen führen. Wenn Sie so möchten, handelt es sich dabei um eine weitgehend intuitive, weibliche Form der Wissenschaft, die weniger rein aus dem Verstand entspringt, sondern auf der Intelligenz des Herzens aufbaut. Sie werden mit allen Sinnen erkennen, dass wir auf eine einfache Art und Weise in der Lage sind, selbst die ältesten Prägungen und Programmierungen in uns zu identifizieren und ganz nach unseren Vorstellungen innerhalb von wenigen Augenblicken zu verändern, um uns ein Leben zu ermöglichen, das nicht mehr von äußeren Einflüssen und vom „Zufall“ bestimmt wird.

Die Grundlage für dieses Buch ist die Annahme, dass das Leben einen höheren Sinn, eine Bestimmung hat, und dass jeder Mensch, unabhängig von seiner Abstammung, Hautfarbe, seinem Bildungsgrad und gesellschaftlichem Status in der Lage ist, diesen Sinn für sich zu erkennen und sich gemäß seiner Bestimmung zu entwickeln. Die Annahme, dass nicht nur das einzelne Leben eine Bestimmung hat, sondern auch die Menschheit als Kollektiv ein höheres Ziel verfolgt, liegt diesem Buch ebenso zugrunde. Beim Lesen dieser Seiten werden Sie immer wieder eingeladen, sich selbst und alles was Sie glauben, denken, tun oder unterlassen zu hinterfragen. Sie werden in weiterer Folge erkennen, dass Sie für alles, was in Ihrem bisherigen Leben passiert oder ausgeblieben ist, existiert oder fehlt, selbst verantwortlich sind und dass Sie hier den Schlüssel in Händen halten, um alles ganz nach Ihren eigenen Vorstellungen zu gestalten.

Dieses Buch zeigt Wege und Möglichkeiten auf, wie jeder Mensch sein eigenes Bewusstseinsfeld und darüber auch das kollektive Bewusstsein der gesamten Menschheit aktiv innerhalb kürzester Zeit beeinflussen und dauerhaft positiv verändern kann. Ich nehme Sie mit auf eine Reise zu zahlreichen Stationen unserer heutigen Gesellschaft, auf der Sie ein tiefes Verständnis für die Gesetzmäßigkeiten des Lebens erlangen werden und die wahren Ursachen für die Situation, in der Sie sich selbst und unsere Welt befinden, erkennen und mit sofortiger und nachhaltiger Wirkung verändern lernen.

In unserem Bewusstsein sind ausnahmslos alle Grundlagen verankert, die unser Leben und unser gesamtes Sein bestimmen. Indem wir diese erkennen und lernen, wie wir sie verändern, können wir uns von lästigen Abhängigkeiten von Gesellschaft, Politik, Wirtschaft, Geld, Religion usw. lösen und völlig selbstbestimmt leben. Das Ziel ist, dass möglichst alle

Menschen die Spielregeln des Lebens erkennen und meistern lernen. Durch bewusste Erfüllung der gestellten Lebensaufgaben und aktive Transformation nicht mehr dienlicher Prägungen werden Sie in die Lage versetzt, alle Erfordernisse für schmerzhafte Erfahrungen aus Ihrem Leben dauerhaft zu entfernen.

Erst durch das Meistern der in der Dichte der Materie gestellten Lern- und Wachstumsaufgaben, wird eine bewusste Erhebung über diese Ebene möglich. Dies ist die Basis für das Erlangen einer völlig neuen Erfahrungsebene, auf der das allgegenwärtige Lernen durch schmerzvolle Erfahrung aufhört und durch eine neue Form des Lernens abgelöst wird. Somit ist dieses Buch ein Wegweiser für den kürzesten Weg in ein erfülltes Leben, völlig frei von Angst und dramatischen Erfahrungen aller Art.

Es gilt, die Gelegenheit zu nutzen, entscheidende Bereiche unseres Lebens umzugestalten. Das ist für jeden von uns möglich und zeigt uns unmittelbar ihre Auswirkungen auf den Alltag. Konsequent angewendet verhilft es Ihnen, ein bewusster Schöpfer Ihrer Lebensumstände zu werden und nur noch das zu erleben, was Sie selbst bewusst gewählt haben. Die Erkenntnisse über die Programmierbarkeit unserer Bewusstseinsfelder und die simple Technik dazu sind der Schlüssel zur Bewältigung aller Herausforderungen – nicht nur Ihrer eigenen, sondern die der gesamten Menschheit! Am Ende dieses Buches werden Sie in der Lage sein, innerhalb von Tagen oder wenigen Wochen enorme Fortschritte in ihrer Bewusstseinsentwicklung zu machen.

Das Ziel meiner Forschungsarbeit und wie es dazu kam

Die letzten vier Jahre meines Lebens waren von unvorstellbar vielen Eindrücken und Erkenntnissen geprägt, die in ihrer Zahl und Intensität die letzten vier Jahrzehnte weitaus übertreffen. Noch nie in meinem Leben zuvor durfte ich so geballt so enorm Wichtiges lernen, das mein Leben und das Leben der Menschen in meinem unmittelbaren Umfeld bereichert und grundlegend verändert hat. Ich durfte weitreichende Erkenntnisse über mich selbst und mein Sein erlangen und bin auf umfangreiche grundsätzliche Informationen über das Leben auf der Erde im Allgemeinen und das Leben der Menschheit im Speziellen gestoßen, die ich niemals erwartet und für möglich gehalten hätte. Das neue Wissen war Auslöser dafür, dass ich beschlossen habe, mich mit dem menschlichen Bewusstsein intensiv auseinanderzusetzen und beginnend bei mir selbst verschiedenste Experimente durchzuführen. Immer wenn ich erfolgreich war, berichtete ich die Ergebnisse einer Gruppe von nahestehenden Personen, die mir dazu ihre Wahrnehmungen berichteten und wir gemeinsam weiterexperimentierten, bis letztlich als Ergebnis das Wissen, wie unser Bewusstsein aufgebaut ist und beeinflusst werden kann, dabei herausgekommen ist.

Der Grund, warum ich überhaupt an diese Informationen herangekommen bin, war der Umstand, dass ich mir ernsthaft vorgenommen habe, mich selbst besser verstehen zu lernen und in mich gegangen bin, um mehr über mich selbst und mein bisheriges Leben herauszufinden, und daraus in Ansätzen meine Zukunft abzuleiten. Ich habe mir die häufig zu hörende und zu lesende Aussage zu Herzen genommen, dass die Ursache für alles und die Antwort auf alles in uns zu finden ist. Daher habe ich nicht im Außen gesucht, anderen für meine Lebensumstände die Schuld gegeben, Bücher gewälzt oder im Internet gesucht, sondern bin den Weg nach innen gegangen. Ich habe immer wieder lange Phasen in tiefer Konzentration verbracht, um zu verstehen, warum ich mich so fühle, wie ich mich gerade eben fühle, warum etwas so ist, wie es ist und was die Ursachen dafür sind, was ich in meinem Leben bisher erlebt habe. Dies habe ich ganz besonders dann getan, nachdem ich Situationen erlebt hatte, die mir nicht gefallen haben und die ich als unangenehm oder gar schmerzhaft empfunden habe.

Bei der Innenschau geht es nicht einfach nur darum, in Meditation zu gehen und den Geist auszuschalten, dies mag im Vorfeld zur Erlangung innerer Ruhe durchaus von Vorteil sein, ist aber nicht Bedingung. Es geht vielmehr darum, sich selbst mit vorzugsweise geschlossenen Augen in aller Ruhe gezielt eine Frage zu stellen und nach Antworten, die aus einem selbst heraus kommen zu suchen. Man richtet sich dabei vollständig nach innen, das Gefühl ist dabei der am besten funktionierende Wegweiser. Indem man alle Gedanken beiseite schiebt und das Gefühl zulässt und ihm Raum gibt, damit es sich vollständig entfalten kann, wird man das Gefühl genauer erkennen und auch benennen können. Das Bewusstsein, dass dieses Gefühl zu mir gehört, es als einen Teil von mir anzuerkennen, der mir etwas sagen möchte, ist der Grundstein der Erforschung der inneren Wahrheit. Ich werde an späterer Stelle darauf zurückkommen und noch tiefer einsteigen.

Auf diese Art und Weise habe ich im Laufe der Zeit erkannt, dass jede Situation, die mir im Außen begegnet, eine direkte Resonanz zu meiner inneren Gefühlswelt hat. Alles, was mir begegnet, erzeugt in mir ein Gefühl, und nachdem das Gefühl mein Gefühl ist, kann es nicht von Außen eingegeben sein, sondern es muss schon in mir vorhanden gewesen sein. Dies bedeutet, dass z.B. jemand, der ein mit Angst verbundenes Thema anspricht, nicht bewusst diese Angst in mir auslösen möchte und ich ihn dadurch auch nicht beschuldigen kann, mit der Angst zu spielen und Angst zu erzeugen. Dies wird zwar gerne getan, doch die Angst war zuvor ja bereits in mir vorhanden, sie wurde nur in einer bestimmten Situation ausgelöst und an die Oberfläche geholt. Wäre sie nicht vorhanden, würde ich mich nicht fürchten. Dies trifft auf jede Situation zu und bedeutet also, dass ich jeweils etwas in mir trage, das mit dem Ereignis im Außen in Verbindung steht und ein entsprechendes Gefühl in mir auslöst. In weiterer Folge bin ich zu der Erkenntnis gekommen, dass das Ereignis im Außen überhaupt erst deshalb entstanden ist, weil das, was sich in mir befindet, dieses Ereignis erzeugt hat, um sich selbst zu bestätigen. Demnach bin ich selbst der Schöpfer von allen Situationen, die sich in meinem Leben einstellen. Auch dazu folgen etwas später weitere, tiefer gehende Informationen.

Ich habe mit der Analyse meines bisherigen Lebens begonnen und alle einschneidenden Ereignisse der Reihe nach ausgiebig analysiert, um zu verstehen, warum ich diese erleben musste und womit ich diese möglicherweise selbst erschaffen habe. Ich bin in meinem Leben durch viele tiefe Täler gegangen und durfte zahlreiche schmerzhafte Erfahrungen machen. Ich wurde in eine leistungsorientierte Unternehmer-Familie hineingeboren. In meiner Jugendzeit hatten Alkoholprobleme auf Seiten meines Vaters und Großvaters prägenden Einfluss auf mich. Entsprechende Streitigkeiten darüber und Machtkämpfe um das Familienunternehmen zwischen meinen Eltern und meinen älteren Brüdern musste ich ebenso miterleben, die letztlich dazu geführt haben, dass ich im Alter von Achtzehn auf mich alleine gestellt war und es Monate gab, in denen ich nicht wusste, ob ich mir das Essen in der zweiten Monatshälfte noch leisten kann. Später habe ich die Frau geheiratet, von der ich glaubte, mit ihr alt werden zu können, doch eines Tages kam es zur völlig unerwarteten Trennung, bei der für mich eine Welt zusammengebrochen ist. Meine Management-Karriere fand durch eine Intrige unvorhersehbar ein plötzliches Ende. Zwei Unfälle im Abstand von rund fünfzehn Jahren, die jeweils mit einer schweren Knieverletzung einhergingen, beschäftigten mich ganz besonders. Ein Betrüger brachte mich um die Lorbeeren einer tollen Geschäftsidee, in die ich einen großen Teil meiner über Jahre angesammelten Ersparnisse gesteckt habe. Viele andere Erlebnisse und traumatische Erfahrungen habe ich ausgiebig studiert.

Ich war auf der Suche nach Antworten auf die Frage nach dem „Warum“, ich tappte dabei lange Zeit im Dunkeln und war nahe daran aufzugeben. Erst ein ganz alltägliches Ereignis brachte eines Tages den Durchbruch. Ich saß mit meiner

Lebensgefährtin und ihrem elfjährigen Sohn beim Mittagessen und der angehende Teenager sprach mit seiner Mutter in einem äußerst rüden Ton. Anstatt sich für das leckere Essen zu bedanken, behandelte er sie als sein Dienstmädchen und zeigte keinerlei Respekt. Darauf von mir entsprechend zurechtweisend angesprochen brach er wütend in Tränen aus und die Situation drohte zu eskalieren. Erst nach längerer Diskussion beruhigten sich bei allen Beteiligten die Gemüter wieder und es kehrte Einsicht ein und es folgte eine wenig herzlich wirkende Entschuldigung des frühpubertierenden Jungen. Man könnte die Situation mit seinem hormonellen Ausnahmezustand abtun, doch ähnliche Situationen ergaben sich in der Vergangenheit schon mehrmals und es wurde höchste Zeit, dass sich daran grundlegend etwas änderte. Sein Verhalten war für mich sehr verwunderlich, denn er ist wohl erzogen und weiß sich üblicherweise zu benehmen.

Nach dem Essen habe ich mich in mein Arbeitszimmer zurückgezogen und meine Aufmerksamkeit auf das Gefühl gelenkt, das durch sein Verhalten in mir hervorgerufen wurde. Dabei habe ich nicht nur die Respektlosigkeit wahrgenommen, sondern auch eine innere Wut. Ich habe das Gefühl und die Emotion zugelassen und beschlossen, damit zu experimentieren. Dabei stellte ich mir die Frage, was wäre, wenn die Situation durch mich selbst hervorgerufen wurde, dass ich selbst die Quelle des Konflikts und somit der Schöpfer der Situation bin? Unter dieser Annahme stellte ich mir die nächste Frage. Wenn das so wäre, was ist dann in mir, das diese Situation erschaffen hat? Lange blieb ich suchend in mich gekehrt, bis mir klar wurde, dass es meine Erwartungshaltung war, die das alles verursacht hat. Ich habe in mir die Überzeugung getragen, dass ein Kind vor seiner Mutter Respekt haben muss, denn es gibt kaum einen Menschen im Leben eines Kindes, der so viel Liebe gibt, seine eigenen Interessen immer wieder hinten anstellt und viele Jahre tagtäglich danach trachtet, dass es dem Kind an nichts fehlt. An dieser Einstellung ist wahrscheinlich auch kaum etwas auszusetzen, denn diesen Respekt hätte sich wohl jede Mutter verdient. Also kann es wohl nicht daran liegen, dass ich etwas Falsches erwartet habe.

Doch dann habe ich etwas Interessantes entdeckt. Eine Überzeugung, und davon tragen wir wirklich sehr viele in uns, kommt niemals alleine daher, denn sie wird immer von einem Gefühl und einer Emotion begleitet. Und so richtig die Überzeugung vielleicht dem ersten Anschein nach auch sein mag, das Problem daran ist, dass diese von dem Gefühl der Respektlosigkeit und der Emotion der Wut begleitet waren. Meine Überlegung war, ob das Dreiergespann aus Überzeugung, Gefühl und Emotion für meine heftige Reaktion verantwortlich sein könnte. Ich folgte dieser Annahme und überprüfte, worin die schöpferische Kraft für das Entstehen dieser Situation liegen könnte. Ich bezeichne mich selbst als einen klar denkenden und zielstrebigen Menschen mit einem großen Herzen und einem ausgeprägten Bedürfnis nach Harmonie und Liebe. Meine emotionale Verfassung und meine Reaktion in dieser Situation widersprachen jedoch meinen grundlegenden Wesenszügen. Ich habe mir für mein Leben zum Ziel gesetzt, ein liebevoller Mensch zu sein, der für alles Verständnis hat und allen Menschen mit Liebe begegnet. Doch ich handelte nicht aus Liebe, sondern war wütend und laut.

Ich erkannte die Situation als Spiegelbild für das, was in mir existierte und sich in diesem Moment zum Ausdruck brachte. Ich betrachtete das Spiegelbild ausgiebig und erkannte, dass in meiner Erwartungshaltung das Wort „muss“ vorkommt und ein negatives Gefühl und noch eine noch niedriger schwingende Emotionen die Begleitmusik spielten. Das Muss ist eine Einschränkung des freien Willens und entspricht somit nicht der von mir angestrebten Liebe. Das Gefühl und die Emotion, die damit verbunden sind, liegen ebenso weitab von Liebe. Ich erkannte, dass die Spiegelung perfekt in Szene gesetzt war und der Bub, ohne es zu bemerken, als Spiegel eines meiner inneren Programme diente. Ein Umstand, den alle Erwachsenen beherzigen sollten, denn die Kinder sind unsere Spiegelbilder und zeigen durch ihr rebellisches und respektloses Verhalten gnadenlos alles in uns und in unserer Gesellschaft auf, das nicht der Liebe entspricht. Wie die Liebe hier zu verstehen ist, werde ich im nachfolgenden Kapitel ausführlich darlegen. Der Gedanke ließ mich lange nicht los und ich begann, mich weiter selbst zu beobachten. In jeder Situation, die mir begegnete, prüfte ich wachsam, welche Gefühle diese in mir auslöst, und schon bald kam mir die Vermutung, dass mein gesamtes Leben von Situationen geprägt sein könnte, mit denen ich gefühlsmäßig in Resonanz gehe. Das Gefühl wäre demnach der Anknüpfungspunkt, um zu den dahinterliegenden Überzeugungen zu gelangen, die mit den jeweiligen Situationen in Verbindung stehen.

Die Annahme war, dass jede Überzeugung, oder anders ausgedrückt, jeder Glaubenssatz untrennbar mit einem Gefühl und einer Emotion in Verbindung steht und absolut alle Situationen, die uns in unserem Leben begegnen, für uns als Spiegelbild dienen, um zu erkennen, welche Überzeugungen wir in unserem Bewusstsein tragen. Wir alle dienen unseren Mitmenschen an jedem Tag als Projektionsfläche für deren Bewusstsein und umgekehrt. Man muss etwas genauer hinsehen, um unterscheiden zu können, ob man in diesem Moment der Spiegel ist oder ob einem etwas gespiegelt wird oder sogar beides zugleich. Unser Bewusstsein ist demnach eine riesige Matrix bestehend aus Überzeugungen, die bestimmen, was in unserem Leben passiert oder ausbleibt und wie wir uns dabei fühlen. Der Einfachheit halber begann ich zwei Gruppen zu unterscheiden. Die eine Gruppe sind Überzeugungen, die mit liebevollen Gefühlen und Emotionen in Verbindung stehen. Wenn sich diese in unserem Erleben manifestieren, dann ist dies wundervoll und bereitet uns große Freude. Ich habe als Ziel festgelegt, dass sich nur noch solche Momente in meinem Leben einstellen. Die andere Gruppe sind jene Bewusstseinsfelder, die mit negativen Gefühlen und Emotionen einhergehen und jene Situationen erschaffen, die uns das Leben schwer und als ständigen Kampf empfinden lassen. Sie repräsentieren genau das, was ich nicht mehr erleben möchte.

Die eingehende Analyse der Schlüsselsituationen meines Lebens brachte die Bestätigung und veranlasst mich, eine weitreichende Grundsatzaussage zu tätigen:
Ausnahmslos alle schmerzhaften Ereignisse meines Lebens gehen mit in mir vorhandenen Bewusstseinsfeldern in Resonanz, die mit negativen Gefühlen und Emotionen in Verbindung stehen. Meine inneren Muster entscheiden, wie ich mich in diesen und allen anderen Situationen meines Lebens fühle und die wahrgenommenen Gefühle verleiten mich entsprechend meiner Gefühlslage zu reagieren. Die inneren Programme entscheiden aber nicht nur, wie ich mich fühle und reagiere, sondern sie manifestieren diese Ereignisse in meiner Realität. Es handelt sich dabei um schöpferisch wirksame Konditionierungen, die so mächtig sind, dass sie den Verlauf und die Gefühlslage weite Teile meines Lebens gegen meinen Willen bestimmen. In mir ist die Ursache für alles zu finden, was mir widerfahren ist und niemand sonst hat Schuld daran, dass ich dies erleben durfte oder musste. Ich selbst bin der bislang unbewusste Schöpfer meiner Lebensumstände und niemand sonst trägt dafür Verantwortung. Alles, was in meinen Leben geschehen oder ausgeblieben ist, habe ich selbst verursacht. Die beteiligten Personen und Umstände waren nur meine zumeist unbewussten Helfer. Mein äußeres Erfahren ist demnach nur eine Spiegelung der Programmierungen meiner Bewusstseinsfelder.

Mit dieser Erkenntnis angereichert eröffnete sich sofort die nächste Herausforderung. Wie kann ich die negativ behafteten Muster, die meinem Streben nach einem harmonischen Leben in Liebe entgegenstehen, aus meiner Bewusstseinsmatrix entfernen? Ich erinnere mich an meine Coaching-Ausbildung vor vielen Jahren, wo ich Möglichkeiten erlernt habe, um Glaubenssätze aufzulösen. Dies bedeutete oftmals stundenlange Arbeit an einem einzigen Satz. Ich dachte mir, es muss doch eine Möglichkeit geben, dies viel schneller zu erreichen! Wieder versank ich in mich, um einen Weg zu finden. Nach einer längeren Experimentierphase habe ich eine

Technik entdeckt, mit der ein negativ behafteter Glaubenssatz in Sekundenschnelle transformiert werden kann. Ich werde diese einfache und leicht anwendbare Methode im weiteren Verlauf im Detail beschreiben. In der ersten Zeit war ich unsicher, ob es mir tatsächlich gelungen war, eine Programmierung in meinem Bewusstsein zu transformieren, oder ob sich die unangenehmen Ereignisse auch in Zukunft ständig wiederholen werden müssen.

Sicherheit erlangte ich, indem ich mich nochmals in die zuvor geschilderte Situation am Esstisch hineinversetzte und alles erneut in Gedanken so ablaufen lies, als würde es gerade jetzt wieder geschehen. Dabei beobachtete ich, dass ich das Gefühl und die Emotion nicht mehr wahrnehmen, sondern in einem völlig neutralen Zustand bleiben konnte. Die Überzeugung, dass es angebracht ist, seiner Mutter den nötigen Respekt entgegenzubringen, war immer noch da, doch diese war viel sanftmütiger als zuvor. Etwas skeptisch noch beobachtete ich in den nächsten Wochen das Geschehen und wartete, ob sich eine ähnliche Situation wieder ergeben würde. Und sieh da, sie kam bis heute nicht wieder. Mit anderen emotional belastenden Situationen bin ich danach ähnlich verfahren und wollte wieder herausfinden, was sie mit mir zu tun haben. Ich erkannte, dass es täglich Situationen gab, in denen ich negative Gefühle empfand und bei genauerer Betrachtung erkannte ich jeweils Muster in mir, die nicht in der Liebe waren. Es zeigte sich, dass in alltäglichen Situationen über Gefühle und Emotionen die Bereiche meines Bewusstseins angesprochen werden, die bereinigt werden möchten. Ich habe herausgefunden, wie ich an diese Muster schnell herankommen kann, um sie eindeutig zu identifizieren und sofort zu transformieren. Bleibt die Transformation aus, wiederholen sich ähnliche Situationen immer und immer wieder.

Die weiteren Transformationen waren ebenso erfolgreich und schon bald darauf beschäftigte mich eine neue, viel weitreichendere Herausforderung. Nachdem ich für mich als erwiesen angenommen habe, dass meine inneren Prägungen meine Erfahrungen im Außen bestimmen, wollte ich der Sache auf den Grund gehen und herausfinden, wie ich alle Erfahrungen, die in mir negative Gefühle auslösen, schon im Vorfeld erkennen und bereinigen kann, damit die schmerzhaften Erfahrungen gleich gar nicht gemacht werden müssen. Darüber hinaus beschäftigte ich mich damit, wie ich neue Programme in mein schöpferisches Bewusstseinsfeld einbringen kann, die mir künftig nur noch liebevolle, glückliche Momente bescheren. Ich war somit auf der Suche nach dem Schlüssel zur bewussten Programmierung meines Lebens, um darüber zum ultimativen Glücklich-Sein zu finden und die Dramen ein für alle mal aus meinem Leben zu verbannen. Bei meiner weiteren Forschungsarbeit erkannte ich bemerkenswerte Prägungen in mir und ich fragte mich, ob nur ich diese in mir trage, oder ob davon vielleicht alle Menschen gleichermaßen betroffen sein könnten.

Dabei machte ich eine Entdeckung, die mich zuerst erschaudern ließ und bald darauf erkannte ich die Tragweite meiner Arbeit und wie unglaublich tief ich in das menschliche Sein vorgestoßen bin und wie weitreichend die Möglichkeiten sind, die uns hier zur Verfügung stehen. Ich identifizierte die Grundprogrammierung des menschlichen Bewusstseins, die so alt ist wie die Menschheit selbst. Ich verstand, warum sich die Geschichte der Menschheit in leicht veränderter Form ständig wiederholt, denn die Programmierungen im kollektiven Bewusstsein, die mit negativen Gefühlen und Emotionen in Verbindung stehen, sorgen dafür, dass wir immer wieder zu den gleichen, wenig zufriedenstellenden Ergebnissen kommen.

Ich begann meine Transformationsarbeit zu optimieren und weiter zu vereinfachen, versuchte den schnellstmöglichen Weg zu finden, um hinderliche Glaubenssätze identifizieren zu können. Dabei stellte sich auch die Frage, ob es nicht dienlich wäre, die Glaubenssätze nicht einfach nur zu löschen, sondern sie durch dienliche Programme zu ersetzen, die mir helfen, meine Ziele bestmöglich erreichen zu können. Und je mehr Erkenntnisse ich dabei erlangen durfte, umso mehr begann ich das Ziel des ultimativen Glücklich-Seins von mir alleine auf die gesamte Menschheit auszuweiten und je tiefer ich in die

Materie eintauchte, umso mehr erstaunliche Dinge durfte ich dabei ans Licht bringen.

Auf der Hand lag die Absicht, eine Methode zu entwickeln, wie jeder Mensch diese Form der aktiven Bewusstseins-Programmierung auf eine möglichst einfache Art und Weise erlernen und für sich selbst anwenden kann. Plötzlich wurde mir das Potential bewusst und ich erkannte, dass nicht nur jeder Einzelne sein Leben aktiv zum Positiven verändern, sondern durch gezielte weltweite Aufklärung und Anwendung dadurch unsere gesamte Welt sehr schnell eine völlig andere werden kann und Krankheit, Hunger, Leid, Kriege und sonstige Auseinandersetzungen für immer gelöst werden können und die Menschheit in Liebe und gegenseitiger Hochachtung mit der Natur in Einklang leben kann. So setzte ich meine Arbeit fort und was dabei herausgekommen ist, erfahren Sie im weiteren Verlauf. Doch zuvor möchte ich noch auf einige essenzielle Grundlagen eingehen.

Auf der Suche nach dem Sinn des Lebens

Auch wenn es mir lange Zeit nicht bewusst war, steht meine heutige Arbeit in einem direkten Zusammenhang mit meinen Interessen, die mich schon Jahrzehnte begleiten. Solange ich mich zurückerinnern kann, beschäftigt mich diese eine große Frage nach dem Sinn meines Daseins. Schon als Kind fühlte ich mich von allen Seiten beobachtet, selbst wenn ich in einem Raum ganz alleine war. Was mache ich eigentlich hier? Warum bin ich hier? In ärgerlichen Situationen wunderte ich mich oft, warum ausgerechnet mir das immer passieren muss? Diese und ähnliche Fragen stellte ich mir im Laufe meines Lebens in unzähligen verschiedensten Situationen. Über unterschiedliche, oftmals schmerzhafte Erfahrungen lehrte mich das Leben, mich zurechtzufinden und meine Stärken zu entwickeln, doch immer wieder gelangte ich in Situationen, die mich emotional belasteten und mir seelische oder gar körperliche Schmerzen zufügten. Diese Fragen wollten einfach nicht aus meinem Kopf weichen und es gesellten sich im Laufe der Jahre neue Fragen hinzu. Was gibt mir Sicherheit im Leben? Wonach lohnt es sich zu streben? Was soll am Ende des Lebens übrig bleiben? Wer oder was bestimmt, was in meinem Leben passiert oder nicht? Fragen über Fragen und es gelang mir nicht, diese aus meinem Kopf zu entfernen oder sie zu unterdrücken. Daher begab ich mich auf die Suche nach Antworten, damit ich endlich zur Ruhe kommen konnte.

Wenn man mich damals gefragt hat, was ich in meinem Leben möchte, dann gab ich meist zur Antwort, dass ich einfach nur glücklich sein möchte. Doch wie ich einst auch darüber intensiver nachzudenken begann, eröffnete ich damit ein weiteres Feld unbeantworteter Fragen. Was brauche ich, um glücklich zu sein? Was bedeutet, nach Glück zu streben? Was ist Glück eigentlich? Viele Menschen ertragen diese Fragen nicht, weil sie die Antwort nicht kennen und ihnen die Suche danach als mühsam und aussichtslos erscheint. Sie suchen zwar nach Erfüllung, haben aber keine Motivation, sich mit ihren Herzenswünschen zu beschäftigen, weil sie die Umsetzung angesichts der aktuellen gesellschaftlichen Bedingungen als aussichtslos erachten. Viele haben keine Vorstellung davon, was sie wirklich machen möchten, weil sie Angst davor haben, sich damit zu beschäftigen, weil der Gedanke an die Umsetzung schmerzhaft ist und dies oftmals bedeuten würde, gewohnte Wege und Strukturen verlassen zu müssen. Es fehlt ihnen an Energie, weil innere Programme sie daran hindern, sich ernsthaft damit auseinanderzusetzen. Dies wird wohl vorwiegend der Grund dafür sein, warum sich so viele Menschen den unzähligen Ablenkungen unserer lauten Welt hingeben oder ihren Verstand durch bewusstseinsverändernde Substanzen, wie z.B. Alkohol oder Drogen lahmlegen. Sie möchten letztlich, dass diese Fragen in ihrem Kopf einfach nur verschwinden, selbst wenn der durch die Betäubung scheinbar befreite Geisteszustand nur wenige Stunden andauert. Erfreulicherweise wurde ich so geprägt, dass ich davon mein ganzes Leben Abstand genommen habe.

Wovon hängt es nun letztlich ab, damit ich glücklich bin? Um diese Frage zu beantworten, begann ich mich selbst zu beobachten, um herauszufinden, in welchen Situationen ich etwas empfinde, das man als Glück bezeichnen konnte. Ich versuchte es mit fleißiger Arbeit und einem Aufstieg auf der Karriereleiter, doch schon bald stellte sich heraus, dass beruflicher Erfolg mit allen seinen Annehmlichkeiten mit wahrem Glück absolut gar nichts zu tun hat. In weiterer Folge erkannte ich, dass das Gefühl glücklich zu sein, immer nur dann ganz intensiv zu spüren war, wenn die Liebe die jeweilige Situation beherrscht hat. Wahres Glück empfand ich niemals, wenn es um materielle Dinge ging, sondern immer dann, wenn ich die von der Liebe bestimmte Situation mit jemandem teilen konnte oder anderen dazu verhelfen konnte, selbst in die Liebe zu kommen und Liebe zu fühlen. Ich begann, die Liebe in jeder Situation zu suchen und stellte fest, dass sie immer da ist, egal, was gerade passiert, man muss sich nur die Mühe machen, sie zu finden. Somit war nach einiger Zeit zumindest ein Teil meiner Fragen beantwortet, denn die Erkenntnis war, dass Glück immer in Verbindung mit Liebe steht. Die schönsten Momente waren und sind die, wo ich gelebte Liebe beobachten, selbst empfinden und/oder dazu beitragen kann, damit andere Liebe empfinden können.

Wahres Glück in mir erzeugt somit etwas, das nicht auf mich alleine projiziert ist – etwas, das über mich selbst hinausgeht und als Hauptbestandteil aus dem Herzen kommt. Diese Erkenntnis war für mich die Erklärung, warum die meisten von uns Menschen so gerne Filme mit einem „Happy End“ sehen und warum herzzerreißende Geschichten und Liebesfilme unsere Tränendrüsen so sehr strapazieren. Es ist die Sehnsucht nach Liebe, die wir tief in unseren Herzen verspüren und doch stehen wir dieser Liebe immer wieder selbst im Wege. Die vorläufige Quintessenz der langen Suche ist, dass sich das Leben um die Liebe dreht und wir nur dann glücklich sein können, wenn wir immer aus dem Herzen agieren und das Gefühl der Liebe für andere anstreben. Liebe ist demnach auch, sich mit jemandem über sein Glück zu freuen und es ihm von Herzen zu gönnen, ohne selbst Gefühle von Wehmut, Sehnsucht und Neid zu verspüren. Da begegnet uns allerdings bereits die nächste Herausforderung, denn die nächste Frage drängt sich auf, was ist Liebe eigentlich? Jemanden zu lieben bedeutet für mich, für diese Person nur das Allerbeste, das höchste Glück zu wollen und nach Möglichkeit auch dazu beizutragen. Die nächste Stufe ist das höchste Wohlergehen aller Menschen und die weitere Steigerungsstufe ist das Streben nach dem höchsten Wohlergehen allen Lebens, das Tiere, Pflanzen, den Planeten Erde und alle feinstofflichen Wesenheiten ebenso mit einschließt.

In der Liebe gibt es somit Steigerungsstufen, die jeweils vom Grad der Ausdehnung abhängig sind. Die Grundstufe ist, sich selbst zu lieben und dies bedeutet wohl, sich selbst nicht zu verurteilen und sich selbst nicht zu vergessen, denn das höchste Wohlergehen aller schließt sich selbst ja mit ein. Erst wenn man sich selbst liebt, ist die Basis für ein Leben in Liebe mit allem was ist geschaffen. Missverstandene Selbstliebe ist, alle anderen Lebewesen dabei zu vergessen und nur auf das eigene Wohl zu achten. Man spricht dabei auch vom Ego; und das Ego hat kein Herz und kann somit auch nicht lieben!

Wirklich glücklich ist man aber erst dann, wenn sein Leben einen höheren Sinn hat. Ein mit Sinn erfülltes Leben ist demnach ein mit Liebe erfülltes Leben. Ein mit Liebe erfülltes Leben ist ein Leben, das uneingeschränkt auf etwas ausgerichtet ist, das über sich selbst hinausgeht! Darüber, dass die Absicht über sich selbst hinausgeht, erkennt man auch, ob man in einem bestimmten Moment in der Liebe ist. Damit wäre ja schon das Wichtigste über die Liebe gesagt, wenn es da nicht noch das Wort „bedingungslos" gäbe, das häufig mit dem Wort Liebe in Verbindung gebracht wird. Bedingungslose Liebe ist die göttliche Liebe und sie bedeutet, uneingeschränkt jeden und ausnahmslos alles unter allen Bedingungen zu lieben! Und dies auch selbst dann, wenn ein Mensch schreckliche Taten begangen hat, die aus ganz anderen Antrieben heraus gesetzt wurden. Taten, die vermuten lassen, dass dahinter nur der eigene Vorteil oder sogar die Lust zu verletzen steht, doch bei genauerem Hinsehen findet man selbst in solchen Situationen eine sehr hohe Form von Liebe, auf die ich etwas später zurückkommen möchte. Die hohe Kunst der bedingungslosen Liebe ist, in jeder Situation frei von Urteil bleiben zu können. Somit ist die wohl bedeutendste Grundlage für die bedingungslose Liebe die Vergebung. Wahre bedingungslose Liebe ist aber auch Klarheit, Wahrhaftigkeit, Barmherzigkeit und Nachsicht.

Vergebung

Nur wenn sie in der Lage sind, absolut alles zu vergeben, kann von der Fähigkeit zur bedingungslosen Liebe gesprochen werden. Diesen Zustand zu erreichen und dauerhaft zu halten ist ein sehr wesentliches Ziel für die Schule des Lebens, in der wir uns alle befinden und zugleich Grundlage für meine Forschungsarbeit am menschlichen Bewusstsein. Bedingungslose Liebe ist die Basis für das Streben nach dem höchsten Wohlergehen für alles Leben, solange Sie jedoch jemandem nicht verziehen haben, sind Sie nicht in der Lage, das höchste Wohlergehen für alle anzustreben, denn alle schließt ja die besagte Person, den Täter, mit ein. Diesen, rein emotional betrachtet, höchstmöglichen und wundervollsten Zustand zu erreichen, ist dann absolut unmöglich. Solange Ihre Erinnerung an diverse Ereignisse mit negativen oder besser gesagt niedrig schwingenden Gefühlen und Emotionen behaftet ist, ist es unmöglich, in den Zustand der bedingungslosen Liebe zu kommen. Ich sehe es auch als meine Aufgabe, in diesem Buch eine einfache Möglichkeit zur wirkungsvollen sofortigen Vergebung anzubieten.

Um die Wichtigkeit und unausweichliche Notwendigkeit der Vergebung von allem, was jemals geschehen ist, zu verdeutlichen, möchte ich Sie an die seit viel zu langer Zeit anhaltenden Konflikte im Nahen Osten erinnern. Nehmen wir als Beispiel die Auseinandersetzungen zwischen den Israeli und den Palästinensern. Es geht mir dabei nicht darum, eine Volksgruppe hervorzuheben, einen Schuldigen zu suchen und die einen als Täter und die anderen als Opfer zu bezeichnen. Wie lange schon provoziert man sich auf die unterschiedlichste Art und Weise gegenseitig, schießt Raketen hin und wieder zurück. Wie lange glauben Sie, wird dieser Konflikt in dieser Tonart weitergehen? Es sieht fast danach aus, als wäre dies ein endloser Konflikt und einem Außenstehenden fällt es schwer, festzulegen, wer hier der Täter und wer das Opfer ist. Beide Parteien nehmen abwechselnd sowohl die eine, als auch die andere Rolle ein. Mir geht es nicht darum, einen Vorschlag für ein Friedensabkommen unterschriftsreif vorzulegen, sondern darzustellen, dass der Konflikt nur durch Versöhnung gelöst werden kann. Die Parteien empfinden jedoch zu großen Hass und Verachtung für die gegnerische Seite und suchen nach Gelegenheiten zur Vergeltung. Jeder im Rahmen seiner Möglichkeiten und im Bereich eines weltweit gerade noch tolerierten Ausmaßes. Die Bereitschaft zu vergeben, ist eine Frage der Bewusstseinsentwicklung.

Die zahlreichen Konflikte dieser Erde gehen uns alle an – auch wenn diese Tausende von Kilometer entfernt stattfinden mögen, die Auswirkungen betreffen uns trotzdem. Damit eine Versöhnung überhaupt möglich ist, müssen alle Beteiligten zu vergeben bereit sein, auch wenn es im ersten Moment schwer erscheinen mag. Zu vergeben bedeutet nicht zu vergessen, sondern aus den Geschehnissen zu lernen und sich daran zu erinnern, dass wir eine große Menschenfamilie sind und ein gemeinsames Ziel definiert werden muss, das wiederum nur das höchste Wohlergehen aller sein kann. Wenn es uns gelingt, auf die Völker so einzuwirken, dass sie dies verstehen und alle Vergebung üben, dann haben wir es geschafft, das Bewusstsein des gesamten Kollektivs Menschheit massiv anzuheben. Somit ist die Rückkehr zur Liebe der Schlüssel zur Lösung aller Konflikte weltweit. Egal ob im Großen oder im Kleinen, ohne Vergebung keine Liebe und ohne bedingungslose Liebe kein weltweiter Frieden. Das Fazit ist, dass alle Programme in uns, die nicht in der Liebe sind, in die Liebe gebracht werden müssen.

Vom globalen Szenario kehren wir zurück in Ihr persönliches Umfeld und betrachten ein fiktives Szenario, das so jedem von uns widerfahren könnte. Ich gebe zu, dass es extrem wirkt, aber dennoch ist es unzählige Male Realität geworden. Nehmen wir an, Sie befinden sich auf einer kurzen Reise und während Ihre Familie nachts in Ihrem Haus schläft, bekommt sie Besuch von einem Einbrecher, der es auf Ihre Wertgegenstände abgesehen hat. Ihre Familie erwacht und der ungebetene Besucher fühlt sich dadurch bedroht, verfällt in Panik und tötet Ihren Lebenspartner und Ihre geliebten Kinder. Eine wahrlich schauderhafte Vorstellung und ein bewusster Extremfall, um bedingungslose Liebe zu lernen. Aus rein menschlicher Sicht würde dieses Verbrechen für die meisten Menschen einen tiefen Schock und einen lebenslangen Hass gegen den Täter bedeuteten. Sich in die Lage zu versetzen, um Vergebung üben zu können, würde für die meisten Menschen eine fast unlösbare Aufgabe darstellen. Dies ist eine Frage des Bewusstseins und dieses Bewusstsein muss man erst erlangen, sich erarbeiten. Wie es möglich ist, ein so schweres Trauma in wenigen Minuten vollständig zu heilen und dadurch Vergebung überhaupt erst möglich zu machen, erfahren Sie etwas später in einem eigenen Kapitel.

Bedingungslose Liebe bedeutet zuerst Heilung für sich selbst, alle Verletzungen im Herzen und alle negativen Auswirkungen auf das Bewusstsein müssen geheilt werden. Vergebung beginnt somit bei sich selbst und bedeutet alles loszulassen, was mit dem Ereignis in Verbindung steht. Durch Vergebung wird selbst ein Mensch wieder lebensfroh, der so eine schwere Prüfung in seinem Leben absolvieren musste. So wie alles im Leben hat auch dieses Ereignis zwei Seiten und wir sollten auch die Seite des Täters betrachten. Er hat etwas Schreckliches begangen und ist sich dem auch völlig bewusst. Ob dieser jemals wieder ohne Alpträume schlafen kann, ist ungewiss. Wenn er das Bewusstsein und dadurch die Kraft entwickelt, sich seine Taten selbst zu vergeben, dann kann auch er mit sich und der Welt wieder Frieden finden. Kann er dies jedoch nicht, so wird er niemals wieder sich selbst lieben können und wer sich selbst nicht liebt, der ist außer Stande, bedingungslos zu lieben, denn alles beginnt bei sich selbst. Diese Welt kann nur eine friedliche werden, wenn Vergebung in jeglicher Form und für alles geübt wurde.

Vergebung muss in dreifacher Form geschehen und wie so oft beginnt alles bei sich selbst. Indem man sich selbst dafür vergibt, entweder eine Tat begangen zu haben oder jemanden für seine Tat verurteilt zu haben, erschafft man für sich die Möglichkeit, absolut allen Beteiligten ihre Taten, Urteile und negativen Gedanken vergeben zu können. Hat man dies geschafft, steht einem das Recht zu, für sich selbst um

Vergebung zu bitten. Egal, ob einem diese Vergebung aktiv gewährt wird oder nicht, man ist trotzdem befreit und kann sein Leben von den Ereignissen unbelastet fortführen. Der innere Frieden ist dadurch wiederhergestellt. Vergebung ist wohl eines der mächtigsten Werkzeuge zur Lösung der Probleme der Menschheit.

Wir sollen daraus erkennen, dass es niemals zielführend ist, jemanden zu übervorteilen, ihm etwas wegzunehmen, ein Volk zu unterdrücken oder zu bekämpfen, denn alles endet immer im Chaos und erst wenn sich alle darauf zurückbesinnen, dass wir alle Brüder und Schwestern sind, erst dann wird Friede für immer einkehren und der Weg der Liebe zum höchstmöglichen Wohlergehen aller führen. Die bedingungslose Liebe ist die einzig funktionierende Basis für ein wahrlich erfülltes Leben und es gibt absolut gar nichts, das mehr erstrebenswert ist! Wie dieser Zustand einfach zu erreichen und dauerhaft zu halten ist, ist ein wesentlicher Bestandteil meiner Arbeit.

Worum es im Leben wirklich geht

Machen wir gemeinsam einen schnellen Blick in unsere heutige Welt, um zu sehen, womit sich die meisten Menschen überwiegend beschäftigen. Sie machen einen Job, um Geld zu verdienen, doch das Geld, das sie für ihre Arbeit bekommen, ist meist nicht genug und daher sind sie unzufrieden und versuchen, mehr zu bekommen. Viele leben in ständiger Angst, etwas verlieren zu können und Angst ist die größte Bremse und der größte Verhinderer von allem, das Freude bereitet. Das Positive und die eigentlichen Hintergründe ihrer Ängste, auf die ich später zurückkomme, werden dabei übersehen und sie führen eine Art von Überlebenskampf, der sehr anstrengend ist und Ihre Lebensenergie verbraucht. Während die einen erfolgreicher sind, und auf der Karriereleiter und der Gehaltsstufe höher hinauf kommen, bleibt die große Mehrheit zurück, denn das System, in das alles eingebettet scheint, ist ja so aufgebaut, dass ein paar Wenige an die reifen Früchte herankommen und der Rest dafür sorgen muss, dass es Früchte überhaupt gibt. Nach getaner Arbeit gilt es, Zuhause die üblichen Aufgaben zu erledigen und danach wird die Zeit mit Ablenkung, die oft als Entspannung bezeichnet wird, verbracht. Und so läuft das Programm Woche für Woche, Jahr für Jahr und das Leben zieht dahin.

Kann es denn sein, dass unser Leben nur daraus besteht, sich das Leben den Umständen angepasst so weit als möglich angenehm zu gestalten und zu versuchen, dem ewigen Mangel zu entfliehen? Ich stimme Ihnen zu, wenn Sie sagen, dass es eben heute für die Mehrheit der Menschen gezwungenermaßen so ist. Nachdem Sie diese Seiten gelesen haben, werden Sie mir zustimmen, dass es ganz schnell völlig anders sein kann, denn oft hängt es nur an einer Kleinigkeit, bis alles frei ist und die nötige Energie vorhanden ist, das zu leben, was das Herz begehrt.

Um in unserem Leben einen tieferen Sinn erkennen zu können, müssen wir das Wesen Mensch und den Sinn unserer Existenz mit etwas mehr Abstand betrachten. Lassen Sie uns das menschliche Sein als Experiment bezeichnen. Doch worum geht es bei diesem Experiment? Der Ausgangspunkt ist der, dass göttliche Wesen zur Erde kommen, um hier Erfahrungen zu machen und mit Weisheit angereichert in die göttliche Ebene zurückzukehren. Es mag etwas abstrus anmuten, aber selbst eine wissenschaftliche Studie bestärkt die Vorstellung, dass unser bekanntes Universum in Wirklichkeit eine große Simulation ist. Wir Menschen sind aus diesem schöpferischen Energiefluss entsprungen und wir repräsentieren ihn. Zum einen gibt es die göttlichen Funken, und es gibt göttliche Geschöpfe, die aus dieser Energie erschaffen wurden. Die einen sind Schöpfer und die anderen sind Geschöpfe. Der Unterschied liegt in der jeweiligen Bestimmung. Das gesamte Universum ist auf diese Art entstanden und es wächst ständig weiter, weil diese göttlichen Funken laufend neues Leben erschaffen.

Unter neuem Leben ist nicht nur eine Pflanze oder ein Tier zu verstehen, sondern auch Planeten, Sonnensysteme und Galaxien sind Lebewesen, die wiederum die Grundlage für andere Lebewesen darstellen. Ein gigantischer Kreislauf des Lebens, der sich ständig erweitert. Man könnte die allgegenwärtige Quelle auch als reinstes Bewusstsein bezeichnen, sowie alles, was ist, eine gewisse Form von Bewusstsein darstellt. Es gibt genau so viele unterschiedliche Bewusstseinsformen, wie es Lebewesen gibt und alles ist aus Liebe erschaffen. Dies lässt uns zum Experiment Menschheit zurückkehren. Wir haben eine Extremform der Erfahrung gewählt. Das Ziel war, zu erfahren, wer wir nicht sind. Wir haben gewählt, das gesamte Spektrum an Möglichkeiten auszuschöpfen, die das Leben auf einem Planeten in der Dichte der Materie zu bieten hat. Ausgestattet mit einem völlig uneingeschränkten freien Willen haben wir uns in ein Abenteuer begeben, dessen Dauer und Verlauf völlig unvorhersehbar war.

Unsere Mutter Erde hat sich bereit erklärt, dieses Experiment mit uns gemeinsam durchzuführen. Wir haben uns einen Körper erschaffen, der uns das Leben und die entsprechenden

Erfahrungen in der Materie ermöglichen und diesen mit der schöpferischen Kraft des Geistes ausgestattet. Somit ist das aus Körper, Geist und Seele bestehende Wesen Mensch entstanden. Die Seele ist unser göttlicher Anteil, von dem wir glauben, getrennt zu sein. Übrig geblieben ist das denkende „Ich“, unser Ego, der Teil, mit dem wir uns identifizieren, von dem wir glauben, dass dies unser gesamtes Sein ausmacht. So hat sich das Leben über eine unvorstellbar lange Zeit auf der Erde entwickelt und was wir alles erfahren haben, ist den Aufzeichnungen in den Geschichtsbüchern zu entnehmen. Aber selbst das, was sich lange bevor Aufzeichnungen gemacht wurden, zugetragen hat und unsere Wissenschaftler nur erahnen können, ist aufgezeichnet worden. Absolut alles, was jemals geschehen ist, wurde gespeichert. Die gesamte Erfahrung, sämtliche Erkenntnisse daraus und die gesammelte Weisheit ist in uns gespeichert, doch haben wir für jede Inkarnation, und davon hatten wir unvorstellbar viele, erneut das Vergessen gewählt, um unbeeinflusst wieder neue Erfahrungen machen zu können. Wir haben so gut wie alles vergessen, was sich in den Leben zuvor zugetragen hat, lediglich einen Teil unserer ständig anwachsenden Weisheit haben wir mitgenommen.

Die Dualität hat es uns ermöglicht, uns selbst als duales Wesen zu erfahren und auch unsere dunklen Anteile in voller Ausprägung zu leben. Unzählige Inkarnationen waren davon geprägt, die übelsten Handlungen zu setzen, weil wir alles entsprechend den kosmischen Prinzipien sowohl in der Rolle des Täters als auch in der Rolle des Opfers erfahren wollten. Das Ziel ist, über diese Erfahrungen Schritt für Schritt zu unserem eigentlichen lichtvollen Sein zurückzukehren. Jeder Mensch trägt Licht und Schatten in sich und es geht nicht darum, seine Schattenseite zu verweigern oder zu bekämpfen, sondern sie anzunehmen, als einen unverzichtbaren Bestandteil der Dualität. Wir sind in ein Spiel eingetreten, das vom ewigen Wechsel zwischen Täter und Opfer gekennzeichnet ist und wir wollten es so lange spielen, bis wir das Spiel durchschaut und gelernt haben, wie wir daraus aussteigen können. Die

Erlebnisse in unseren früheren Inkarnationen haben zum Teil sehr bestimmende Auswirkungen auf dieses Leben.

Je höher das Bewusstsein eines Menschen entwickelt ist, umso mehr beginnt er zu reflektieren, sich selbst, sein ganzes Sein, alles was er erlebt hat und ihn umgibt zu hinterfragen. Er beginnt die Frage nach dem Warum und nach dem Sinn zu stellen. Er beginnt, die Gefühle, die er empfindet, wenn er die Ereignisse in unserer Welt betrachtet, zu analysieren und fragt sich, warum muss das so sein und was kann man dagegen unternehmen. Wenn ich in unsere heutige Welt blicke, dann nehme ich unglaublich viel Leid wahr, erkenne dass diese Welt von Angst geprägt ist und die wenigsten Menschen ein glückliches Leben führen. Selbst die, denen es an nichts mangelt, sind häufig frustriert. Dieses Bild macht mich sehr traurig und mein Herz verlangt danach, möglichst schnell eine grundlegende Änderung herbeizuführen.

Letztlich geht es im Leben darum, das Leben in der Dichte der Materie zu verstehen, die Dualität zu meistern und zu lernen, wie man sich über diese Ebene erheben kann. Wir müssen uns erinnern, dass wir schöpferische Wesen sind, und erkennen, wodurch wir unsere aktuellen Lebensumstände erschaffen haben. Wir sollen lernen, zu unserer Schöpfermacht zurückzufinden und für alles im Leben selbst die Verantwortung zu übernehmen. Indem wir erkennen, dass unser Bewusstsein all das erschaffen hat, was wir täglich vorfinden und uns widerfährt, halten wir den Schlüssel zum Ausstieg aus diesem Spiel in Händen. Indem wir bewusst an unserer Entwicklung arbeiten, können wir alle unangenehmen Erfahrungen beenden und nur noch unseren lichten Anteil, die Liebe, verkörpern. Erst dadurch wird das Leben leicht und von Glückseligkeit geprägt.

Unsere Entwicklung über die Jahrtausende ist mit der Karriere eines Schülers vergleichbar, der in der 1. Klasse der Grundschule beginnt, um dort Erfahrungen zu machen und daraus zu lernen. In diesem Stadium kann sich der Grundschüler kaum vorstellen, jemals an der Uni zu sitzen und wissenschaftliche Arbeit zu vollbringen und doch geht sein Leben in dieser Klasse weiter. Im Laufe der Zeit durchschreitet der Schüler Klasse für Klasse, entwickelt sich durch unzählige Erfahrungen und neue Erkenntnisse. Irgendwann kommt der Zeitpunkt, wo die letzte Schulstufe erreicht ist und die Matura als krönender Abschluss bevorsteht. Doch was ist die Matura eigentlich? Im weitesten Sinne besteht sie aus einem Rückblick auf die letzten Jahre, um nochmals zu reflektieren, was vom Gelernten letztlich im Bewusstsein hängengeblieben ist. Es geht darum, noch die letzten Erkenntnisse zu machen, um diese Form des Lernens endgültig abzuschließen und in eine völlig neue Lebensphase einzutreten.

Die Matura des menschlichen Lebens ist die Erkenntnis, dass wir göttliche Wesen mit schöpferischen Kräften sind und dass wir alles selbst erschaffen haben, was wir erlebt haben. Sowie wir dies erkannt und verinnerlicht haben und begonnen haben, uns auch dementsprechend zu verhalten, indem wir unsere Gedanken und Handlungen hinterfragen und uns an unserem Herzen orientieren, ist die Abschlussprüfung bestanden. Indem wir nur noch unserem Herzen folgen und in allen Situationen aus dem Herzen heraus handeln, endet automatisch die Notwendigkeit, weitere duale Erfahrungen in dieser Ebene zu machen und wir sind bereit, in die nächst höhere Erfahrungsebene einzutauchen. Wir sind bereit für die Dimension der Liebe.

Genau an diesem Punkt steht die Menschheit derzeit und wir sind aufgefordert, uns für diese Abschlussprüfung gut vorzubereiten und ganz genau hinzusehen, welche Programme in uns im Hintergrund ablaufen, die genau die in diesem Moment ablaufenden Ereignisse im Außen hervorrufen. Wir sind gefordert, alle internen Programme, die nicht auf die Liebe ausgerichtet sind, zu erkennen und zu transformieren. Die Matura des Lebens in der dualen Welt ist eine Bestandsaufnahme, um zu erkennen, was in uns noch nicht vollständig in der Liebe ist. Unser Leben ist überwiegend von diesen inneren Programmen bestimmt, die auf Transformation drängen und sich daher laufend in unserem äußeren Erleben zeigen. Die simplen Werkzeuge dazu möchte ich im weiteren Verlauf in Ihre Hände legen.

Glaubenssätze bilden die Grundlage für Entscheidungen

Untersuchungen zeigen, dass wir jeden Tag rund 20.000 Entscheidungen treffen, auf denen wir unsere Handlungen aufbauen. Haben Sie sich jemals gefragt, wie so eine Entscheidung zustande kommt? Was Sie in die Lage versetzt, eine Entscheidung überhaupt treffen zu können und auf welchen Grundlagen diese beruht? In jeder Situation, in der eine Entscheidung erforderlich ist, laufen für uns meist unbemerkt unzählige Prozesse und eine Vielzahl von Überzeugungen, die in unserem Bewusstsein abgespeichert sind, werden als Referenz zur Entscheidungsfindung herangezogen. Die Erfahrungen aus den unvorstellbar vielen Situationen, die wir in diesem und den zahlreichen früheren Leben bereits gesammelt haben, dienen unserem Bewusstsein als Basis für jegliche weitere Handlung. Jede Erfahrung hat uns etwas gelehrt und daraus haben wir Überzeugungen gebildet und abgespeichert. Jede Erfahrung ist von unschätzbarem Wert und erst die Summe aller unserer Erfahrungen bildet unser Sein. Unzählige Glaubenssätze werden für jede einzelne Entscheidungsfindung herangezogen und auf deren Grundlage bauen wir unser Denken und Handeln auf. Das Regiment führen allerdings die mit den Überzeugungen abgespeicherten Gefühle und Emotionen, denn jeder einzelne Glaubenssatz ist immer von zumindest einem dominierenden Gefühl und einer tragenden Emotion begleitet. Wir nehmen im ersten Moment nur die Gefühle und Emotionen wahr und lassen uns in der Regel von ihnen leiten. Die Glaubenssätze selbst sind uns in den meisten Fällen nicht bewusst.

Wenn eine neue Überzeugung gebildet wird, sind die zum Zeitpunkt der Erfahrung empfundenen Gefühle und Emotionen maßgebend, denn diese werden gemeinsam mit der Überzeugung untrennbar in unserem Bewusstseinsfeld abgespeichert. Nachdem wir nicht nur freudige Momente erlebt haben, sind zahlreiche Glaubenssätze auch mit negativen Gefühlen und Emotionen verbunden und diese neigen dazu, sich in den Vordergrund zu drängen, denn diese sind mächtiger als jene, die mit positiven Gefühlen einhergehen. Dies ist auf unsere ursprüngliche Grundprogrammierung zurückzuführen, um uns vor weiteren negativen Erfahrungen und bedrohlichen Situationen zu schützen. Als schöpferische Wesen sind wir mit der Tatsache konfrontiert, dass sich unsere Gedanken in unserer Realität abbilden möchten und somit manifestieren sich verstärkt jene Situationen, die wir fürchten. Unsere Gedanken befinden sich in einem Teufelskreis, der auf negativen Erfahrungen beruht und Ängste auslöst sowie deren schöpferische Wirkung, was dazu führt, dass sich vergleichbare Situationen laufend wiederholen, die wiederum das bestehende Muster bestätigen.

Je höher das Bewusstsein entwickelt ist, umso mehr beginnt ein Mensch diese Prägungen zu hinterfragen und folgt nicht mehr unmittelbar den Impulsen aus seinem Unterbewusstsein, sondern beginnt zu reflektieren. Diese minimale Verzögerung eröffnet die Chance zu alternativen Verhaltensweisen und dadurch das wiederkehrende Muster zu durchbrechen und alternative Überzeugungen zu bilden, die dafür sorgen, dass die alten Prägungen überdeckt werden. Mit jeder Überdeckung wird das alte Muster schwächer, es bleibt aber lange Zeit immer noch aktiver als die positiven Alternativen. Es entsteht eine Art Kampf gegen sich selbst, so lange, bis das Positive, die Liebe, die Oberhand gewonnen hat und das Muster transformiert ist.

Das Ziel des Lebens ist die Liebe. Alle Muster, die sich in uns befinden, die mit negativen Gefühlen und Emotionen einhergehen, erschaffen Situationen, die nicht der Liebe entsprechen. Daher ist es dienlich, diese Muster zu identifizieren und zu transformieren, damit es keinen Grund mehr gibt, dass sich Situationen in unserem Leben einstellen, die uns alles andere als Freude bereiten. Man könnte glauben, dass dadurch ein wichtiger Bestandteil unseres Seins unwiederbringlich verloren geht und wir dadurch vielleicht verletzlicher werden. Doch dies ist erfreulicherweise ein Irrtum. Unsere Glaubensmuster sind nämlich nur ein Teil unseres Bewusstseins, denn das, was wir Weisheit nennen, ist der wesentlichste Bestandteil unseres Seins. Unsere Weisheit ist nichts anders als die Summe unserer Erfahrungen und unser Handeln sollte nicht von unseren Mustern bestimmt werden, sondern von unserer Weisheit. Je höhere das Bewusstsein eines Menschen entwickelt ist, umso mehr handelt er aus seiner Weisheit heraus.

Sie kennen vielleicht Situationen, in denen Sie emotional reagiert haben und es sich im Nachhinein herausgestellt hat, dass diese Reaktion unangebracht war. Hätten Sie aus Ihrer Weisheit heraus gehandelt, hätten Sie sich anders verhalten. Ihre Weisheit sagt Ihnen auch, dass die negativen Glaubenssätze nicht mehr dienlich sind, denn das Ziel des Lebens hat sich durch die Zunahme an Weisheit verändert. In dieser Inkarnation geht es nicht mehr darum, einfach nur alles am eigenen Leib zu erfahren und sich sein Leben möglichst angenehm zu gestalten, sondern die Weisheit dazu einzusetzen, dem Leben einen höheren Sinn zu verleihen und der Liebe die Möglichkeit zum Ausdruck zu eröffnen.

Das Leben besteht aus einer Vielzahl von Prüfungen und welche dies sind, bestimmen die Prägungen in unserem Bewusstsein. Jede Situation, in der wir in Kontakt mit einer negativ besetzten Überzeugung gelangen, ist eine Prüfung und eine Gelegenheit, um eine alternative Verhaltensweise an den Tag zu legen. Die Prüfungen hören dann auf, wenn die negativ beladene Prägung ausreichend positiv überschrieben oder bewusst transformiert wurde und wir aus unserer Weisheit und in Liebe handeln. Durch den bewussten Eingriff in unser Bewusstseinsfeld, können wir zahlreiche Prüfungen abwenden, indem wir die Muster aktiv transformieren und so die Notwendigkeit für eine erneute Wiederholung in unserem Leben ausschließen.

Um unser Sein noch besser verstehen zu können, ist es von großer Bedeutung, die Wirkung der kosmischen Prinzipien im Zusammenhang mit unseren Glaubenssätzen genauer zu betrachten und zu verstehen. Für mich ist im Zuge der Forschung am Bewusstsein zweifelsfrei der Beweis für unsere schöpferischen Fähigkeiten erbracht worden. In welcher Form dies geschieht, ist vielen jedoch bis heute unbekannt, denn es gibt sieben universelle Gesetze, die immer und überall wirken und ohne sie zu kennen, ist eine bewusste Schöpfung schwer möglich.

- Das 1. Prinzip „Geistigkeit" bestätigt eindeutig, dass wir über unsere Gedanken die Situationen erschaffen, die uns unsere Überzeugungen widerspiegeln. Geist beherrscht Materie! Nachdem unser Bewusstsein alles erschafft, was wir in unserem Leben erfahren, ist der Umkehrschluss ebenso möglich, das wir unser Bewusstsein so programmieren können, dass nur mehr das eintritt, was wir uns für unser Leben wünschen. Der Gedanke ist die Quelle der Schöpfung und jeder Gedanke drängt darauf, sich in unserem äußeren Erleben zu manifestieren. Wenn wir etwas bewusst erschaffen möchten, bedarf es jedoch einer hohen Konzentration und den Blick lange und intensiv auf das Schöpfungsziel zu richten, damit ausreichend schöpferische Energie zur Verfügung steht. Unsere Gedanken sind jedoch sehr flüchtig, und äußerst schnell lassen wir uns ablenken. In unserem Bewusstsein abgespeicherte Glaubenssätze genießen hingegen den Vorteil, unbemerkt ständig mit schöpferischer Kraft versorgt zu sein und 24 Stunden am Tag aktiv daran zu arbeiten, um sich in unserer Realität zu manifestieren.
- Das 2. Prinzip „Resonanz" verdeutlicht, dass wir all das anziehen, womit wir in unserem Bewusstsein in Resonanz gehen und daher wie ein Magnet auf Situationen wirken, die uns unsere Programme widerspiegeln. So wir nur noch Liebe verkörpern, werden wir Liebe anziehen. Solange jedoch auch andere Muster vorhanden sind, werden wir immer wieder darauf hingewiesen, bis wir diese erlöst haben. Jeder Mensch, der dieses Prinzip nicht kennt, befindet sich oft unbemerkt in einem ständigen Kreislauf, der vielmals über Jahrzehnte abläuft und in dem die mit seinen Glaubenssätzen in Verbindung stehenden negativen Gefühle und Emotionen immer wieder erlebt werden, bis diese mit ausreichend alternativem Bewusstsein überlagert und somit aufgehoben werden.

- Das 3. Prinzip „Schwingung" können wir am eigenen Leib verspüren. Niedrig schwingende Gefühle empfinden wir als schmerzhaft, hoch schwingende Gefühle bereiten uns Freude. Die Liebe ist die höchste Schwingung! Solange wir Programme in uns tragen, die mit niedrig schwingenden Gefühlen/Emotionen in Verbindung stehen, werden wir unser Leben zwischendurch immer wieder als schmerzhaft empfinden. Ein Mensch mit einem hoch entwickelten Bewusstsein hat eine sehr hohe Frequenz, wir bezeichnen dies gerne auch als Ausstrahlung. Je höher jemand schwingt, umso höher entwickelt ist auch seine Fähigkeit, bedingungslose Liebe in jeder Situation zu leben. Die Liebe wird dann zum bestimmenden Faktor für das tägliche Leben und alle anderen schmerzhaften Erfahrungen hören auf, weil im Bewusstsein keine Ursachen mehr vorhanden sind, die unangenehme Erfahrungen erforderlich machen. Was für den Einzelnen gilt, hat auch für das Kollektiv Menschheit Gültigkeit. Je höher das kollektive Bewusstsein, die Summe aller Menschen, entwickelt ist, umso höher ist auch die Schwingungsfrequenz unseres Umfeldes und umso liebevoller werden wir miteinander umgehen. Je höher die Frequenz unserer unmittelbaren Umgebung ist, umso wohler fühlen wir uns.
- Das 4. Prinzip „Polarität" zeigt uns ebenso deutlich, dass wir ohne die negativen Seiten des Lebens zu kennen, die Liebe nicht in dieser Form zu schätzen wissen. Jede Medaille hat zwei Seiten und wir durften mehr als lange genug die dunkle Seite in uns erfahren. Daher wird es Zeit, sich für die Liebe zu entscheiden und alles andere loszulassen. Unsere duale Welt ist eine große Spielwiese, die so gut wie alle Erfahrungen möglich macht. Wir befinden uns nun am Ende eines Lernabschnitts auf einem Schulungsplaneten, in dem wir die dunkle Seite in uns als unverzichtbaren Bestandteil unseres Seins annehmen sollen und uns für die lichtvolle Seite unseres Wesens entscheiden und nur noch diese zum Ausdruck bringen. Indem wir die dunklen Erlebnisse und deren Auswirkungen in uns heilen, beginnt der innere und äußere Wandel hin zu einem selbstbestimmten Wesen, das sich seiner schöpferischen

Fähigkeiten vollends bewusst ist und diese ebenso bewusst zur Erschaffung einer von Liebe gekennzeichneten Welt einsetzt.

- Das 5. Prinzip „Rhythmus" verdeutlicht, dass wir uns auf dem Weg zurück zu unserem göttlichen Ursprung befinden. Wie ein Pendel haben wir uns einst auf den Weg gemacht, um uns von unserem Ursprung möglichst weit zu entfernen und zu erfahren, was wir nicht sind. Doch irgendwann hat das Pendel den Umkehrpunkt erreicht und nähert sich wieder seinem Ausgangspunkt. Wir haben die Richtung längst gewechselt und befinden uns am Rückweg, und jeder muss den Weg zurück früher oder später antreten. Es gibt keine Alternative! Der Weg zurück bedeutet, alles in uns Befindliche zu transformieren, das nicht in der Liebe ist. Das Pendel hat wieder Geschwindigkeit aufgenommen, und der auf uns lastende Druck, die Transformation voranzutreiben, nimmt dadurch laufend zu. Es ist aussichtslos sich noch länger dagegen zu wehren! Das Prinzip Rhythmus bestimmt, dass alles, was begonnen wurde, auch irgendwann enden muss. Es bestimmt Tag und Nacht, Sommer und Winter, Geburt und Tod. Nichts währt ewig, alles unterliegt einer Veränderung, denn nur durch die Veränderung ist Entwicklung möglich. Das göttliche Prinzip sieht die ständige Evolution allen Lebens vor, und daher gilt es zu beachten, dass alles, das sich gegen die Entwicklung wehrt, irgendwann zerbricht. Unsere Gesellschaft sträubt sich schon zu lange gegen einen grundlegenden Wandel hin zur Wiedervereinigung der Menschheit zu einer großen Familie, die in ein gigantisches Gefüge mit allen Wesenheiten der Natur eingebettet ist. Wir sind auf dem Weg in eine neue Welt, die von gegenseitiger höchster Wertschätzung und von einem harmonischen Miteinander mit der Natur und allen darin enthaltenen Lebensformen gekennzeichnet ist. Wir können uns noch länger dagegen wehren und daran zerbrechen oder aktiv darauf zugehen – wir haben die Wahl.
- Das 6. Prinzip „Ursache und Wirkung" zeigt deutlich auf, dass alles auf uns selbst zurückfällt. Es gibt keine Schuld –

nur Ursache und Wirkung. Nachdem wir das Leben in der Materie selbst gewählt haben, müssen wir dieses auch wieder selbst abschließen, uns schrittweise aus der Dichte der Materie herauslösen und uns in höhere Erfahrungsebenen emporarbeiten. Wir haben alles selbst verursacht und erfahren auch selbst die Auswirkungen. Das karmische Prinzip sieht die wechselseitige Erfahrung vor und erfordert, dass die Rollen zu einem späteren Zeitpunkt vertauscht wahrgenommen werden, um die vollständige Erfahrung auf beiden Seiten zu ermöglichen. Die aktive Transformation im Bewusstseinsfeld sorgt dafür, uns aus diesem Kreislauf zu lösen und die Notwendigkeit, die Wirkung weiterhin zu erfahren, aufzuheben. Ein Täter ist nichts anderes als ein Helfer, um entsprechende Erfahrungen zu machen und darüber zu wachsen. Durch Vergebung beenden wir den ständigen Kreislauf des Täter-/Opfer-Prinzips, und indem wir uns selbst heilen, heilen wir unsere Gegenspieler automatisch mit.

- Das 7. Prinzip der Geschlechtlichkeit ist das Grundprinzip der Schöpfung. Nachdem der Gedanke (männlich) alleine noch nichts bewirkt, kann erst in Verbindung mit dem weiblichen Anteil, den Gefühlen und Emotionen, Schöpfung geschehen. Ein Glaubenssatz ist somit erst geschaffen, wenn er eine Verbindung mit einem Gefühl und einer Emotion eingegangen ist. Über Gefühle und Emotionen bekommen wir Zugang zu allen Programmen in unserem Unterbewusstsein. Unsere Welt ist überwiegend vom männlichen Prinzip geprägt. Politik, Wirtschaft und Wissenschaft sind extrem von der linken, der rationalen Gehirnhälfte bestimmt. Für Gefühle und Intuition ist kaum Platz und daher erfordert es so unvorstellbar viel Energie und persönlichen Einsatz, um überhaupt zu zählbaren Ergebnissen zu kommen. Würde hier das weibliche Prinzip ebenso viel Raum und Aufmerksamkeit bekommen, wäre sehr viel schneller und sehr viel einfacher ein Leben zu gestalten, das obendrein auch noch von Liebe erfüllt ist. Das Männliche will alles erklären, beweisen und mit Fakten unterlegen, das

Weibliche hingegen verlässt sich auf die Intelligenz des Herzens und weiß intuitiv, was richtig ist, setzt auf das Gefühl und vertraut auf rational nicht nachvollziehbare Wahrnehmungen. Das Männliche will wissen warum, und das Weibliche will nur, dass es funktioniert, ohne es erklären zu müssen. Beide Anteile tragen alle Menschen in sich und beides miteinander gleichberechtigt vereint, führt schnell zum bestmöglichen Ergebnis.

Kommunikation mit der Seele

Sie fragen sich, inwieweit die Seele maßgebend ist, was wir auf der Erde erleben? Wir sind Wesen, die aus Körper, Geist und Seele bestehen und eben dieser seelische Anteil wird häufig vernachlässigt oder völlig ausgeblendet. Viele glauben, von ihrer Seele getrennt zu sein, doch dies ist ein großer Irrtum, denn gerade unser überirdischer Anteil leitet uns durch unser gesamtes Leben. In jeder Sekunde besteht diese Verbindung und laufend kommen Impulse, die wir als solche erkennen oder als Zufall abtun können. Beginnt man hingegen, sich mit den Signalen der Seele zu beschäftigen, so findet man heraus, dass diese sehr zahlreich und intensiv sind und wenn man beginnt, diesen Signalen zu folgen, dann tun sich erstaunliche Möglichkeiten auf.

Man könnte glauben, dass die Signale irgendwoher von irgendjemandem kommen, der unwichtig oder nicht maßgebend ist. Genauer betrachtet kommen die Signale aber aus unserem Inneren und diese äußern sich auf verschiedene Art und Weise. Doch wer steckt jetzt wirklich hinter diesen Signalen? Wir selbst! Die entscheidende Erkenntnis ist die, dass wir selbst diese Seele sind und wir selbst dieses Leben steuern. Einen wesentlichen Anteil der Steuerung hat allerdings unser Ego übernommen und wir haben uns mit dem Ego identifiziert. Unser Ego erscheint uns näher und bedeutender als unsere Seele. Der Unterschied zwischen dem Leben des Egos und dem Leben der Seele ist der, dass das Ego auf sich selbst gerichtet ist und dass die Seele immer auf das große Ganze ausgerichtet bleibt. Unsere Lebensaufgabe ist nun, das Ego immer weiter zurück zu nehmen und der Seele immer mehr Raum in unserem Leben zu geben und somit unserem göttlichen Anteil das Steuerrad vermehrt zu überlassen.

Worin unterscheidet sich nun ein Leben, das vom Ego dominiert ist, von einem Leben, das von der Seele gesteuert wird? Ein überwiegend vom Ego gesteuerter Mensch ist im Wesentlichen auf seinen eigenen Vorteil aus und versucht, möglichst viel für sich zu bekommen und stellt die Bedürfnisse aller anderen Lebewesen hinten an. Er nimmt wenig Rücksicht darauf, ob andere unter seinen Handlungen leiden könnten, solange er daraus für sich einen Vorteil erkennt. Der Bereich der Wirtschaft ist eines der zahlreichen Beispiele, die massiv vom Egodenken dominiert sind. Das Ego kämpft und damit ist das Leben automatisch vom Kampf geprägt. Wird jedoch das Ego in den Hintergrund gestellt und dem Seelenanteil die Gelegenheit zum vollständigen Ausdruck gewährt, so verändert sich das Leben grundlegend. Die Seele ist unser göttlicher Anteil und Gott ist die Liebe selbst. So besteht das Ziel darin, der Liebe in jeder Situation Ausdruck zu verleihen und ein Leben zu führen, in dem sich die Liebe immer weiter ausdehnen kann.

Wir stehen in jedem Augenblick unsers Lebens vor der Wahl, welchem Anteil wir Ausdruck verleihen möchten. Die weiteren Ausführungen basieren auf der Annahme, dass Sie ebenso wie ich das Ziel für ihr Leben darin definiert haben, der Liebe möglichst viel Raum zur weiteren Entfaltung zu geben. Dazu ist es aber unumgänglich, die Signale der Seele wahrnehmen zu können. Wir müssen lernen, diese zu erkennen und zu verstehen. Unsere Seele macht uns laufend darauf aufmerksam, ob wir in diesem Augenblick unserem Ego folgen oder der Liebe Ausdruck verleihen. Entscheidend ist, in unserer Wahrnehmung nach innen gerichtet zu bleiben und das klare Bekenntnis dazu, auch der Seele Ausdruck verleihen zu wollen. Dazu ist es wichtig, mit seiner Seele zu kommunizieren, damit sie weiß, was unsere Absicht ist und sie entsprechend mitwirken kann.

Diese interne Kommunikation funktioniert überwiegend über Gefühle. Es ist daher unerlässlich, unsere innere Gefühlswahrnehmung im Fokus zu behalten, denn in unzähligen Varianten von Gefühlen erhalten wir wichtige Botschaften, die uns auf vieles hinweisen möchten. Die Lernaufgabe ist nun die richtige Deutung der Gefühle, um die darin enthaltene Botschaft zu entschlüsseln. Der rege Kontakt zu unserer Seele hilft uns auch zu unterscheiden, ob die Gefühle, die wir wahrnehmen, unserer eigenen sind, oder ob diese von außen auf uns einwirken. Wir sind erfreulicherweise in der Lage, die Gefühle anderer wahrzunehmen und um genau diese Unterscheidung geht es. Es handelt sich dabei um einen regen Austausch, den wir mit höherem Anteil führen sollen, damit wir Situationen, die sich im Laufe des Tages zugetragen haben, nachträglich mit unserer Seele analysieren und wir die Gefühle, die wir wahrgenommen haben, nochmals zulassen können, um die enthaltenen Botschaften zu entschlüsseln.

Wenn wir negative Gefühle wahrnehmen, dann sollen diese uns darauf hinweisen, dass in uns etwas abgespeichert ist, das nicht in der Liebe ist. Es sind genau diese Programme, die uns immer und immer wieder aufgezeigt werden, indem wir die damit in Verbindung stehenden Gefühle wahrnehmen. Sie sind Aufforderungen, genauer hinzusehen, um zu erkennen, was in uns ist, das uns von der Liebe entfernt. Wir stehen laufend vor der Wahl, ob wir die Gefühle annehmen und sie genauer betrachten, um das dahinterstehende Muster zu erkennen und entgegenzuwirken oder ob wir, wie so oft praktiziert, diesen nicht mehr dienlichen und der Liebe entgegenstehenden Mustern Ausdruck verleihen und uns entsprechend in der Situation so verhalten, dass sich diese Muster wieder selbst bestätigen.

Auf der Suche nach der Antwort, woher das teilweise so mächtige Dreiergespann aus Glaubenssatz, Gefühl und Emotion, auf das uns unsere Seele laufend hinweist, überhaupt stammt, bin ich zu der Erkenntnis gekommen, dass wir von unserer Grundprägung als Wesen Mensch alle mit einer Grundstruktur im Bewusstsein ausgestattet wurden, die dieses Experiment überhaupt erst ermöglicht hat. Wir wurden mit teils schauderhaften Programmen ausgestattet, die uns die Rückkehr zur göttlichen Einheit mehr als schwierig gestalten – ich werde Ihnen diese in Kürze näherbringen. Andererseits haben zahlreiche Situationen im Laufe dieser und früherer Inkarnationen uns entsprechende Erfahrungen ermöglicht. Daraus haben wir unzählige Glaubenssätze abgeleitet und in unserem Bewusstseinsfeld abgelegt. Viele davon sind positiv und haben unsere Grundprogrammierung in wesentlichen

Bereichen weitgehend neutralisiert und andere haben neue Muster gebildet, die mit niedrig schwingenden Gefühlen/Emotionen verbunden sind und unser Leben bestimmen. Das Leben scheint ein ewiger Kreislauf aus ständigen Wiederholungen niedrig schwingender Muster zu sein.

Doch das Ziel des Lebens liegt darin, unsere Programmierung vollständig auf die Liebe auszurichten. Daher erschaffen wir uns selbst die Situationen im Leben, die uns widerspiegeln, welche der Liebe entgegenstehende Prägungen wir noch in uns tragen. Wir selbst haben uns für diese Inkarnation aufgetragen, diese Muster zu erlösen, damit es keinen Grund mehr gibt, diese in einem weiteren Leben erneut zu erfahren, damit sie dann erst erlöst werden können. Mit jedem transformierten Programm kommen wir der Liebe einen Schritt näher und wenn alle niedrig schwingenden Muster erkannt und transformiert sind, was glauben Sie, wird dann noch übrig bleiben? Ja, ein mit Lebenslust und Liebe erfülltes Leben!

Unsere Seele kommuniziert über Gefühle mit uns. Sie erschafft Situationen, in denen wir die niedrig schwingenden Gefühle wahrnehmen, damit wir sie erkennen und Veränderungen einleiten können. Signale der Seele sind auch unvorhersehbare Begegnungen, kleine Missgeschicke, plötzlich eintretende Ereignisse, mit denen man nie gerechnet hätte und viele andere unerwartete Situationen. Es können aber auch vertraute Momente sein, die plötzlich von ungewohnten Gefühlen begleitet werden. Vordergründige Themen treffen wir am häufigsten an, indem sehr ähnliche Situationen in kurzen Zeitabständen eintreten und immer wieder die gleichen Gefühle in uns auslösen. Die Ausdrucksmöglichkeiten der Seele sind unendlich. Das Entscheidende, das wir daraus lernen sollen, ist der Umstand, dass die Seele absolut alles in unserem Leben steuert und der Eindruck, dass wir über unser Ego in letzter Konsequenz maßgebend Einfluss auf den Verlauf unseres Lebens haben, ist ein fataler Irrtum. Indem wir die Signale missachten, unser Bauchgefühl vernachlässigen und unser Gewissen beiseite schieben, machen wir uns das Leben nur unnötig schwer.

Der Schlüssel zur Erkenntnis liegt demnach in der Wahrnehmung unserer Gefühle. Auf den Punkt gebracht besteht unser gesamtes Leben nur aus Gefühlen, absolut alles nehmen wir darüber wahr und doch haben es sehr viele Menschen geschafft, ihre Gefühle wegzusperren und sich selbst den Zugang zu ihnen zu verwehren. Das, was Sie, während Sie dieses Buch lesen, wahrnehmen, hängt von Ihrem aktuellen Bewusstseinszustand ab, jede Situation erzeugt in Ihnen Gefühle, und erst die Gefühle geben dem Verstand Rückmeldung zur Bewertung der Situation. Die Gefühle sind mit Überzeugungen verbunden und diese bilden die Basis für unseren Verstand. Ohne Gefühle wäre unser Leben unmöglich. So schließen wir daraus, ohne unsere Seele wäre unser Leben unmöglich.

Wenn man das Leben auf das reduziert, was das Leben in seiner letzten Konsequenz ausmacht, so endet unsere Analyse beim Erfühlen. Alles tun wir aus dem einzigen Grund, um ein gutes Gefühl wahrnehmen zu können. Jede Art von Handlung wird gesetzt, damit wir uns gut fühlen. Wir umarmen jemanden, um unserer Zuneigung Ausdruck zu verleihen und weil es ein schönes Gefühl ist, jemandem so nah zu sein. Wir bemühen uns, im Beruf erfolgreich zu sein und etwas zu erreichen, weil es sich gut anfühlt, etwas geleistet zu haben. Wir gehen in die Sonne, weil sich die Sonnenstrahlen auf der Haut angenehm anfühlen und der gesamte Körper dadurch ein Wohlgefühl erlangt. Wir helfen einander, um uns das Leben gegenseitig leicht zu machen. Wir berühren uns zärtlich, um die Sanftheit der Haut zu fühlen und dem Berührten ein Wohlgefühl zu vermitteln. Wir haben Sex, um unseren Partner mit allen Sinnen wahrzunehmen und gemeinsam ein Hochgefühl zu erleben. Selbst bei Ereignissen, die auch mit negativen Gefühlen verbunden sind, wie zum Beispiel einem Missbrauch, agiert der Täter aus dem einen Grund heraus, sich zwar zu Lasten eines anderen, ein Wohlgefühl zu verschaffen. Vollkommen ist eine Handlung erst, wenn alle Beteiligten ein

Hochgefühl erleben. Die Liste mit Beispielen kann unendlich fortgesetzt werden. Das Gefühl ist der einzige Grund für das Leben. Ohne Möglichkeit, die höchstmöglichen Gefühle zu erfahren, ist das Leben sinnlos. Die Liebe ist das höchste Gefühl, somit ist ein Leben ohne Liebe sinnlos.

Viele Menschen wurden oftmals in ihren Gefühlen verletzt, daraus haben sie die Schlussfolgerung gezogen, dass sie ihre Gefühle schützen müssen, um weiteren Schmerz abzuwenden. Sie haben ihr Herz verschlossen und ihr Gefühlsleben unterdrückt, daher ist ihre Wahrnehmung stark eingeschränkt. Sie haben sich selbst von der Essenz des Lebens abgetrennt. Um die Wahrnehmung wieder zu steigern, ist es unerlässlich, die Gefühlswelt wieder zuzulassen, doch ist dies nur möglich, wenn die Situationen, in denen Verletzungen passiert sind, Heilung erfahren.

Der Seelenplan

Vor jeder Inkarnation erstellt jeder für sich einen Plan, was in diesem Leben alles erfahren werden soll. Jeder Mensch hat so einen Seelenplan für sich erstellt und jede Seele hat sich zum Ziel gesetzt, diesen Plan auch zu erfüllen. Sie wird alles, was nötig ist, dafür tun, um die entsprechenden Erfahrungen machen zu können. Auf welche Art und Weise dies passiert, ist flexibel, doch die Erfahrung will gemacht werden. Jeder, der sich gegen die Erfüllung des Seelenplans wehrt, wird entsprechend zurechtgewiesen. Unser höherer Anteil hat viele Möglichkeiten, um uns auf den vereinbarten Weg zurückzubringen. Missachten wir über einen längeren Zeitraum die zahlreichen Signale, so greift die Seele zu deutlicheren Mitteln, denn sie verfügt über zahlreiche Möglichkeiten, ihren irdischen Anteil zu steuern. Welchen Weg sie wählt, hängt von der jeweiligen Zielsetzung ab. Kleinere und größere Unfälle, Verletzungen, Krankheiten, Missgeschicke, plötzlich auftretende Hindernisse und vieles mehr sind die starken Impulse, die auf uns wirken und uns darauf aufmerksam machen, dass es höchste Zeit ist, den vereinbarten Weg einzuschlagen.

In jedem Seelenplan steht eindeutig geschrieben, dass es das Ziel der Inkarnation ist, so viele der Liebe entgegenstehende Muster zu bereinigen wie möglich. Diese Muster können entweder durch neue Erfahrungen und daraus resultierenden neuen Erkenntnissen überschrieben werden oder die bestehenden Muster können bewusst begutachtet und transformiert werden. Angenehmer ist bestimmt die bewusste Transformation, weil dadurch die mit den Prägungen abgespeicherten negativen Gefühle und Emotionen nicht mehr live erlebt werden müssen! Die bewusste Transformation kann innerhalb von Tagen erfolgen – das Erleben dauert oft viele Jahrzehnte.

Indem wir uns auf unsere Gefühle konzentrieren, diesen Raum geben, um sich auszubreiten und wahrgenommen zu werden, begegnen wir unserer Seele. Das Leben wird viel einfacher und erfüllter, wenn wir uns auf die Kommunikation mit unserer Seele einlassen und die in den Gefühlen übermittelten Botschaften erkennen. Das Ziel, das jeder Mensch verfolgen sollte, ist die Freiheit von verpflichtenden Erfahrungen zu erlangen. Durch das Wissen, dass man alte Muster schnell transformieren kann, beginnt das Zeitalter der Selbstbestimmung. Wir haben die Wahl, auf welche Art wir lernen. Zur Auswahl stehen

- Lernen durch schmerzhafte Erfahrung oder
- Lernen durch geistige Erkenntnis

Ein weiterer Teil des Seelenplans ist die sogenannte Lebensaufgabe, nach der die meisten Menschen auf der Suche sind. Der Unterschied zum Seelenplan ist der, dass möglicherweise eine Lebensaufgabe als Ziel definiert wurde, dieses zu erfüllen aber nicht verpflichtend ist. Wir haben die freie Wahl, ob wir uns auf das konzentrieren, was uns die Seele an Impulsen sendet, damit wir den Weg zu unserer Lebensaufgabe finden, wir können aber frei wählen und etwas völlig anderes tun. Das Kernelement der Lebensaufgabe ist wieder einmal die Liebe. Sowie wir die Liebe als Ziel unseres Tuns definiert haben und uns laufend daran ausrichten, wird unser Leben mehr als erfüllt sein. Die Liebe hilft uns über Widerstände jeglicher Art hinwegzukommen. Sind wir aber nicht auf die Liebe ausgerichtet, braucht es sehr viel mehr Kraft und wir scheitern mit unseren Vorhaben entsprechend schneller.

Jeder, der heute einen Job nur deshalb macht, um damit Geld zu verdienen, kann gar nicht rein auf die Liebe ausgerichtet sein. Daher wird dieser Job unweigerlich früher oder später zu Frustrationen führen. Je länger wir an diesem Job festhalten, umso stärker wird der Frust und weitet sich irgendwann so weit aus, dass man daran erkrankt und z.B. an einem Burnout leidet. Der Mensch ist ein sehr sensibles Wesen und jegliche Gefühlswahrnehmung, die nicht Liebe ist, führt zur Frustration. Je weiter wir von der Liebe entfernt sind, umso heftiger äußert sich dies in allen Lebenslagen. Ein Jobwechsel alleine bringt nur kurzfristig Abwechslung, denn der Frust kehrt schneller und heftiger als erwartet zurück. Der Weg der Seele ist der einzig wahre, und nur die Ausrichtung auf die Liebe führt uns zu unserer Bestimmung.

Das Ego

Wir benutzen gerne die Bezeichnung „Egoist", um jemanden zu beschreiben, der auf sich selbst fixiert ist, nach seinem eigenen Vorteil strebt und dabei andere übergeht und deren Gefühle und Bedürfnisse missachtet. Doch was ist Egoismus eigentlich? Er ist nichts anderes als ein Ausdruck des Bewusstseins!

Das Ego selbst ist allerdings etwas anders zu sehen, denn darunter ist der irdische Anteil der Wesenheit Mensch zu verstehen. In der Ebene, in der wir uns befinden, empfindet sich das Ego von seinem überirdischen Anteil als getrennt. Das Ziel des Lebens ist jedoch, dass sich das Ego seinem überirdischen, göttlichen Anteil annähert und ihm so nahe kommt, dass sie wieder miteinander verschmelzen können. Je näher sich die beiden Wesensbestandteile des Menschen gekommen sind, umso klarer, deutlicher und intensiver wird die Kommunikation zwischen den beiden Teilen, die im Gegensatz zur überwiegenden Meinung untrennbar miteinander verbunden sind.

Das besondere des Wesens Ego ist, dass es ohne den göttlichen Anteil, der Seele, durchwegs lebensfähig wäre, sein Leben wäre jedoch ausschließlich auf Mangel ausgerichtet. Das Ego müsste sich laufend in einen Kampf begeben, um für sich selbst zu sorgen und alle Bedrohungen durch andere Egos abzuwehren. Es würde sich ständig bedroht fühlen und Reserven für schlechtere Zeit anhäufen und Abwehrmauern bauen, um mögliche Feinde fernzuhalten. Es würde Waffen fertigen, um sich zu verteidigen oder im Falle eines Mangels an lebenswichtigen oder erstrebenswerten Gütern attackieren und rauben zu können. Erkennen Sie dieses Verhalten wieder? Wo begegnet uns diese Denkweise? Jeden Tag in jeglicher Form und ganz besonders in Wirtschaft und Politik. Das sind die Bereiche, die am stärksten vom Ego dominiert sind. Das Ego war wichtig und richtig für die Erfahrungen in der Vergangenheit und für unseren bisherigen Entwicklungsweg. Doch nun befinden wir uns auf dem Rückweg zur Einheit mit unserer Seele und da sind wir gefordert, unser Ego zu verändern.

Beginnt sich das Ego auf seinen göttlichen Anteil zuzubewegen, so ändert sich sein Verhalten zusehends und die Ausrichtung gilt nicht mehr dem Mangel, sondern der Liebe. Indem wir aus unserem Bewusstsein alle Prägungen entfernen, die uns als einzelnes, isoliertes Ego denken und handeln lassen, begeben wir uns auf den Pfad der Liebe, der uns unausweichlich in die Erfüllung führt. Indem wir uns der Seele zuwenden, beginnt diese, jene Situationen zu erschaffen, die uns die Liebe erfahren lassen. Indem wir ins Vertrauen wechseln und unsere Göttlichkeit zum Ausdruck bringen, sind wir mit allem versorgt, was wir für unser Leben brauchen.

Letztlich verzögern wir durch Handlungen aus dem Ego die vollständige Rückkehr in die Liebe. Jede Ego-Handlung hält uns ab, dem Ziel allen Lebens näher zu kommen. Das Ego versucht, sich das Leben so angenehm wie möglich zu machen und der Preis, den wir dafür zahlen, ist hoch. Der Weg in ein vollkommen erfülltes Leben führt nur über den Ausdruck der Liebe, unzählige andere Wege haben wir schon versucht und sind immer wieder gescheitert, denn nur die Liebe ist das wahre Ziel. Solange wir andere Ziele verfolgen, werden wir unter ähnlichen Voraussetzungen immer wieder inkarnieren. Wahre Freiheit erlangen wir nur, wenn wir den Pfad der Liebe einschlagen und alle in uns vorhandenen Stolpersteine aus dem Weg räumen. Dies bedeutet zwar, für einen gewissen Zeitraum an uns selbst zu arbeiten, aber der Aufwand lohnt sich!

Jeder hat die Wahl, ob er für ein vielleicht angenehmes Leben laufend kämpfen will oder seinem wahren Kern, seiner Seele, durch aktive Transformation im Bewusstsein so nahe wie möglich kommen möchte, um dauerhaft wahre Erfüllung zu erfahren. Es ist ein Prozess, auf den man sich einlassen muss und jeder entscheidet selbst, wann er damit beginnen möchte. Nachdem wir uns derzeit überwiegend mit unserem Ego identifizieren, macht es Sinn, diese Identifikation auf die Seele zu übertragen. Die Überzeugung „ich bin dieser Körper" kann mit einer einfachen Technik mit sofortiger Wirkung auf „ich bin meine Seele“ verändert werden. Auf die Technik, wie eine Neuprogrammierung erfolgt, komme ich etwas später zu sprechen.

Das Herz als Transformationsraum

Wenn ich vom Herzen spreche, dann meine ich damit nicht nur das Organ, das in unserem Körper unentwegt und zuverlässig die Zirkulation des Blutkreislaufs aufrecht erhält und seine Arbeitsleistung den jeweiligen Anforderungen anpasst. Unser Herz ist sehr viel mehr! Verlassen wir die organische Aufgabe des Herzens und betreten wir die energetische Ebene unseres Seins. Auf dieser Ebene steht das Herz für die Liebe und die Liebe ist die größte Kraft im Universum. Auch wenn es in Vergessenheit geraten ist, wurde das gesamte Universum und alles Leben aus Liebe erschaffen. Wir Menschen erleben jedoch sehr Vieles, das ganz und gar nicht in der Liebe ist, und in uns allen existiert nicht nur das Gute, sondern auch genau das Gegenteil. Nachdem das Ziel des Lebens die Liebe ist, gilt es alles in uns, das nicht in der Liebe ist, zu transformieren. Das Herz ist ein gigantischer Transformationsraum, in dem alles in Licht und Liebe transformiert wird, das wir bewusst dorthin geben. Indem wir den Raum unseres Herzens ausdehnen, wird eine Umwandlung aller negativen Energien, die das Herz umschließen, ermöglicht. Je mehr wir mit unserem Herzen arbeiten, umso größer wird es und umso weiter öffnet es sich und die Liebe zu leben wird immer einfacher.

Im Laufe dieses Buches werden Sie lernen, wie Sie den Transformationsraum Ihres Herzens anwenden, um binnen Sekunden negative Energien in Licht und Liebe zu transformieren. Sie werden sehr viel Freude daran haben! Indem Sie etwas in Ihr Herz geben und es dort zur Transformation bewusst freigeben, werden nicht nur niedrig schwingende Energien transformiert, sondern es erfolgt zugleich Heilung für alle Beteiligten und damit erfolgt auch Vergebung in mehrfacher Form. Indem Sie ein Ereignis in Ihr Herz bringen, vergeben Sie sich dadurch selbst und üben Vergebung für Ihre Gegenspieler und zugleich wird auch Ihnen durch Ihre Gegenspieler vergeben. Es erfolgt Heilung für alle auf allen Ebenen! Indem Sie sich selbst heilen, heilen Sie die anderen Beteiligten automatisch auch. Durch die Vergebung kommt es in der Beziehung zu einem völlig unbelasteten Neubeginn.

Transformation von Glaubenssätzen

Bevor wir immer tiefer in unser Bewusstsein einsteigen und mit der Transformation beginnen, möchte ich Ihnen eine sehr einfache Art und Weise vorstellen, wie man einen Glaubenssatz in seinem persönlichen Bewusstseinsfeld transformieren kann. Diese Technik ist der erste von mehreren Bestandteilen der Bewusstseinsprogrammierung, die sie im Laufe dieses Buches kennenlernen werden. Sie sollen diese Technik an dieser Stelle erfahren, da im Anschluss in verschiedenen Beispielen nicht dienliche Überzeugungen aufgezeigt werden, die mit hoher Wahrscheinlichkeit auch in Ihnen vorhanden sein und Ihr Leben bestimmen könnten.

Sie werden feststellen, dass es unterschiedliche Arten von Glaubenssätzen gibt. Die mächtigsten beginnen mit „ich bin...“, viele beinhalten das Wort „müssen“. Andere wiederum drücken über die Wörter „niemals“ oder „keinesfalls“ aus, dass sie über jeden Zweifel erhaben sind. Letztlich spielt es eine geringe Rolle, ob die Formulierung auf das Wort genau passend ist, entscheidend ist, dass die Formulierung auch die damit in Verbindung stehenden Gefühle und Emotionen anspricht und diese damit wahrnehmbar werden.

Die meisten Glaubenssätze, denen Sie begegnen werden, sind nicht alleine wirksam, denn unsere Erfahrung hat uns in den meisten Bereichen alternative Überzeugungen bilden lassen, die ältere Programmierungen überlagern und oftmals abschwächen oder sogar neutralisieren. Dennoch ist es wichtig, die Programme zu erkennen, damit die neuen, positiv wirkenden Programme überhaupt zur Geltung kommen oder verstärkt wirksam werden können. Ihnen werden auch Glaubenssätze begegnen, die sich absolut richtig anhören und Ihr Verstand sofort JA sagt, weil er der festen Überzeugung ist, dass dieser Satz richtig und wichtig ist. Eine könnte zum Beispiel lauten: Niemand hat das Recht, über mich zu bestimmen. Eine völlig richtige Aussage, doch die Situation bzw. die Umstände, unter denen Sie diesen Satz in Ihrem System abgespeichert haben, waren durch negative Gefühle/Emotionen belastet. Sie hatten damals ein Erlebnis, wo sich jemand in Ihr Leben eingemischt und über Sie bestimmt hat und dies hat Ihnen ganz und gar nicht gefallen. Daher ist der Satz negativ belastet und sollte transformiert werden, denn er neigt dazu, Situationen zu erschaffen, in denen wieder jemand über Sie bestimmt.

Zu einem späteren Zeitpunkt werden wir darauf zurückkommen, wie Sie an die Programme in Ihrem Unterbewusstsein herankommen, im Augenblick reicht es aus zu wissen, wie Sie diese aus seinem persönlichen Bewusstseinsfeld herauslösen können. Die Technik ist ganz besonders einfach! Entscheidend ist, dass der Glaubenssatz ausgesprochen wird. Dies erfolgt ganz einfach, indem man diesen zu sich selbst sagt und eventuell ein oder zwei Mal wiederholt. Ist der Glaubenssatz in Ihrem System vorhanden, so werden Sie sofort entweder das damit verbundene Gefühl oder die dazugehörigen Emotionen wahrnehmen. Auch beides gleichzeitig ist möglich. Hier funktioniert jeder Mensch anders. Wichtig ist, dass diese Wahrnehmung gemacht wird. Im Wesentlichen reicht es aus, wenn Sie feststellen, dass sich dieser Satz nicht gut anfühlt. Zur Veranschaulichung folgen drei Übungsbeispiele.

Der erste Glaubenssatz ist in Ihrem System mit an Sicherheit grenzender Wahrscheinlichkeit vorhanden und fühlt sich auch entsprechend positiv an. Sagen Sie diesen jetzt zu sich selbst:

- Ich lebe

Fühlen Sie sich wohl? Spüren Sie die Lebensfreude und die Liebe, die sich in Ihnen ausbreitet? Sie nehmen das Gefühl der Liebe und wenn Sie es zulassen, auch die Emotion der allumfassenden Liebe wahr. Das gute Gefühl bestätigt Ihnen, dass hier alles in bester Ordnung ist.
Der zweite Glaubenssatz zur Übung ist eine Überzeugung, die mit höchster Wahrscheinlichkeit nicht in Ihnen verankert ist.

- Ich bin Gott

Richtig gesagt sind wir Teile von Gott und daher ist dieser Glaubenssatz im Normalfall in uns nicht vorhanden. Das Gefühl, das dieser Satz auslöst, ist völlig neutral. Vergleichen Sie Ihre Wahrnehmung zum ersten Satz. Ein nicht vorhandenes Programm erzeugt keine Resonanz.
Der dritte Glaubenssatz entstammt unserer Grundprogrammierung, die im Normalfall alle Menschen in sich tragen. Stellen Sie fest, welches Gefühl dieser in Ihnen auslöst?

- Ich bin nicht Gott

Erkennen Sie den Unterschied? Dieser Satz ist von unangenehmen, niedrig schwingenden Wahrnehmungen begleitet. Sie fühlen die Machtlosigkeit und die Emotion der Ohnmacht und es ist Zeit, diese uralte Programmierung zu transformieren, denn unsere Seele ist ein Teil von Gott und demnach ist die Programmierung unrichtig! Außerdem ist das begleitende Gefühl und die zugehörige Emotion nicht in der Liebe und somit unserem Lebensziel im Wege. Experimentieren Sie mit den drei Sätzen und fühlen Sie sich nochmals hinein, um die Unterschiede wahrnehmen zu können.

Nun zur Transformation: Sprechen Sie den Glaubenssatz „Ich bin nicht Gott“ nun laut oder leise aus – Sie können diesen auch ein oder zwei Mal wiederholen, um die Resonanz, die er in Ihnen erzeugt, zu verstärken. Sie werden nun das Gefühl und/oder die Emotion fühlen können. Sowie Sie dies deutlich wahrnehmen können, sprechen Sie folgenden Satz:

„Ich gebe diesen Glaubenssatz in meinem Herzen zur Transformation frei.“

Dies ist ein unmissverständlicher Auftrag an Ihre Seele und es dauert nur wenige Sekunden und schon ist dieser Satz aus Ihrem Bewusstseinsfeld dauerhaft entfernt. Sie werden möglicherweise die mächtige Energie wahrnehmen, während sie sich so wundervoll verwandelt. Sie können die Wirksamkeit der Transformation auch überprüfen, indem Sie den Satz erneut ansprechen und fühlen, ob Sie damit noch in Resonanz gehen und sich Gefühl und Emotion noch zeigen oder ob diese verschwunden sind. Wenn Ihr Gefühl neutral bleibt, dann hat alles bestens funktioniert. So einfach ist es!

Lassen sie uns ergründen, was dabei in unserem Herzen passiert. Es ist wichtig zu wissen, dass unser Herz ein universeller Transformationsraum ist, in dem wir alles transformieren können, das nicht Licht und Liebe ist. Der Glaubenssatz wurde vollständig in Licht und Liebe umgewandelt und es bleibt daher auch keine Lücke, denn diese wurde durch Licht und Liebe gefüllt. An späterer Stelle werden wir diesen Satz trotzdem noch durch einen anderen ersetzen.

Hiermit ist die Übung vollständig und Sie kennen nun den Unterschied zwischen einem positiven und einem negativ besetzten Glaubenssatz und Sie wissen auch, wie es sich anfühlt, wenn ein Programm in Ihnen nicht vorhanden ist. Es ist absolut unmöglich, einen positiven Glaubenssatz aus Ihrem Bewusstseinsfeld zu entfernen; dies lässt Ihre Seele nicht zu!

In weiterer Folge wird Ihnen die Wahrnehmung von Machtlosigkeit, Abhängigkeit und Ohnmacht noch sehr häufig begegnen, denn diese Gefühle/Emotionen sind Teil einer umfangreichen Programmierung, die in uns Menschen seit Anbeginn unseres Seins auf der Erde abgespeichert wurde. Sie werden sich wundern, welche und wie viele Glaubenssätze in Ihrer individuellen Programmierung vorhanden sind.

Hier nochmals die Technik in Kurzform:

- Glaubenssatz ansprechen
- Gefühl und Emotion wahrnehmen
- Den Glaubenssatz im Herzen zur Transformation freigeben

Nachdem Sie nun wissen, wie schnell ein Glaubenssatz transformiert werden kann, können wir uns die unmittelbaren Auswirkungen auf das Leben näher betrachten.

Welche Auswirkungen hat unser Bewusstsein auf unser individuelles Leben?

Der wesentliche Bestandteil unseres Bewusstseins sind unglaublich viele Glaubenssätze, die uns in jeder Sekunde begleiten und die Grundlage für unser Denken und für unser gesamtes Handeln bilden. Jede Situation in unserem Leben erzeugt eine Resonanz in unserem Bewusstsein, das bedeutet, unser System nimmt alles wahr. Wie wir darauf reagieren, hängt davon ab, welche Meinung wir uns darüber gebildet haben. Wenn jemand der Meinung ist, dass beispielsweise die vielen bunten Werbeaussendungen in seinem Postkasten wertlos sind, wird seine Reaktion entsprechend darin bestehen, dass er diese umgehend, ohne sie zu lesen, im Altpapiercontainer entsorgt oder einen entsprechenden Aufkleber am Briefkasten anbringt, damit keinerlei Werbung eingeworfen wird.

Unsere Meinung ist die gemeinsame Struktur zahlreicher Impulse, die in uns durch die Ereignisse im Außen ausgelöst werden. Unser Glaubenssystem wird permanent angesprochen und wir empfinden über die Situation, je nachdem welche unserer Überzeugungen einen Impuls erhalten. Jeder Glaubenssatz steht mit einem Gefühl und einer Emotion in Verbindung und diese werden von der Situation angesprochen und für uns wahrnehmbar. Das Gefühl ist die erste Wahrnehmung und maßgebend für unsere Reaktion, die von der Emotion gelenkt wird. Nachdem das Ziel des Lebens der Ausdruck der Liebe ist, besteht unser Lebensinhalt überwiegend aus allen unseren Überzeugungen, die noch nicht in der Liebe sind.

Die Liebe ist die höchste Schwingung und alle Gefühle, die in Ihnen ausgelöst werden, die niedriger schwingen, weisen Sie darauf hin, dass dies eine Chance ist, eine Korrektur vorzunehmen. Es ist daher von größter Bedeutung für Ihr Leben, dass Sie anerkennen, dass absolut alles, was in Ihrem Leben existiert, fehlt, geschieht oder ausbleibt, ein Ausdruck Ihres Bewusstseins ist und dass Sie die Situation selbst erschaffen oder angezogen haben, damit Sie Ihren Handlungsbedarf erkennen. Ich möchte dazu einige Beispiele anführen, die dies deutlich machen und bewusst bei einem einfachen und ganz alltäglichen Ereignis beginnen.

Kinder sind immer eine gute Gelegenheit, um unsere Programmierungen zu erkennen, denn sie sind der perfekte Spiegel für die Erwachsenen und ganz besonders für ihre Eltern. Ich beginne mit dem Beispiel des richtigen Zeitpunkts, ein Kind abends ins Bett gehen zu lassen und gebrauche dafür erneut eine meiner eigenen Erfahrungen mit unserem Elfjährigen. An Schultagen muss er früh raus und damit er am nächsten Tag ausgeschlafen und aufnahmefähig ist, sollte er idealerweise um neun Uhr abends im Bett sein. Bevor wir die Erkenntnis mit den Glaubensmustern hatten, gab es jeden Abend den gleichen Kampf, um ihn rechtzeitig ins Bett zu bekommen, denn würde es nach ihm gehen, wäre Mitternacht immer noch zu früh. Die Emotionen in uns steigerten sich mit jeder Minute, in der er trotz mehrmaliger Ermahnung um halb zehn Uhr immer noch herumschwirrte und alle Möglichkeiten nutzte, um noch einen Blick auf den Fernseher zu erhaschen. Unsere Reaktion war natürlich darauf ausgerichtet, die Situation gemäß unserer Überzeugung zum Abschluss zu bringen und unseren Willen durchzusetzen. So standen die Abende häufig im Zeichen sich aufschaukelnder Emotionen, die sich natürlich auf den weiteren Verlauf des Abends alles andere als entspannend und angenehm wirkten. Auf der Suche nach einer dauerhaft friedlichen Lösung zum höchsten Wohle aller, haben wir uns die Hintergründe der Situation genauer angesehen. Neben einigen weniger bedeutenden Programmen, war diese in uns abgespeicherte Überzeugung die Hauptursache für die Spiegelung des Jungen:

- Kinder müssen früh ins Bett gehen, um ausgeschlafen zu sein

Diese Überzeugung trägt mehrere Komponenten in sich, die für die Spannungen verantwortlich sind. Einerseits beinhaltet der Satz das Wort „müssen“ und dieses schränkt den freien

Willen des Kindes ein. Somit ist das Grundprinzip des Menschen, sein freier Wille, eingeschränkt und daher ist dieser Satz nicht in der Schwingung der Liebe. Darüber hinaus steht er mit dem Gefühl der Abhängigkeit und der Emotion der Ohnmacht in Verbindung und wurde irgendwann in unserem System abgelegt. Höchst wahrscheinlich durch die Erfahrungen in unserer eigenen Kindheit. Indem der Elfjährige unsere Anweisungen missachtete, wurde uns unsere eigene Ohnmacht aufgezeigt.

Seit wir diesen Satz erkannt und aus unserem Bewusstsein entfernt haben, verhält sich die Situation deutlich anders. Der Bub ist zwar immer noch nicht derjenige, der mit großer Freude freiwillig ins Bett geht, doch konnten wir mit ihm völlig frei von Widerständen eine Vereinbarung treffen. Wir haben über das Ziel gesprochen, dass er am Morgen ausgeschlafen und für die Schule gut gerüstet sein sollte. Mit diesem Ziel haben wir im beiderseitigen Einvernehmen die Vereinbarung getroffen, dass er um neun Uhr im Bett ist und noch eine halbe Stunde in seinem Buch lesen kann und dann ist aber Schluss und Licht aus. Seither reicht es aus, ihn kurz vor neun daran zu erinnern, dass es bald Zeit wird, sich fürs Bett bereit zu machen. Die Vereinbarung hält und der abendliche Abschied ist somit ein liebevoller. Man könnte noch einen Schritt weitergehen und ihm völlig freistellen, wann er ins Bett geht, denn damit eröffnet man ihm die Gelegenheit, seine eigenen Erfahrungen zu machen, wie es sich anfühlt, nur sechs Stunden geschlafen zu haben. Die Erfahrung anderer Familien mit diesem Problem zeigt, dass sich nach zwei bis drei sehr langen Abenden und einem grauenvollen Erwachen am nächsten Tag die Kinder ihren eigenen Rhythmus finden und von selbst wahrnehmen, wann es Zeit ist, den Tag zu beenden. Ein Projekt, das uns noch bevorsteht.

Das mächtige Dreiergespann aus Glaubenssatz, Gefühl und Emotion hat den Burschen zur Rebellion veranlasst und das Wort „muss“ zwang uns, mit aller Macht unseren Willen durchzusetzen. Durch die Löschung des Programms treten die Emotionen nicht mehr auf und der Weg zu einer liebevollen

Lösung zum höchsten Wohl aller wurde frei. Das Ziel ist erreicht und alle sind glücklich! Der Verlauf des gesamten Abends ist seither harmonisch und auch meine Lebensgefährtin und ich können den verbleibenden Abend in Zweisamkeit genießen. Aus der Erfahrung wissen wir, dass es für ihr Wohlergehen wichtig ist, dass Kinder genügend Schlaf bekommen, und wenn man aus Liebe handelt, dann stößt man mit seinen Anliegen auch bei dem Kind auf Verständnis, denn es hat ja keinen Grund mehr für eine Rebellion.

Beispiele gibt es unzählige. Lassen sie uns ein tiefer gehendes Szenario im Detail betrachten. Das Thema Geld ist für viele Menschen ein leidvolles. In unserer derzeitigen Welt ist Geld für jeden ein Grundelement des Lebens. Jeder strebt es an, um die Dinge des täglichen Bedarfs und darüber hinaus bezahlen zu können. Sie kennen bestimmt einige Menschen, die davon zu wenig haben und entsprechend unter dem Mangel leiden. Viele sehen im Geld jedoch keinen Erfüllungsgehilfen für das Leben und somit lediglich ein Mittel zum Zweck, sondern Geld wird entweder maßlos überbewertet oder es hat einen negativen Beigeschmack. Sie lehnen das Geld ab, weil verschiedene Glaubenssätze dies von ihnen verlangen und die logische Folgerung ist ein mehr oder weniger großer Mangel an Geld.

Eine Klientin, die ich kürzlich als Coach betreuen durfte, leidet Zeit ihres Lebens an Geldnöten. Seit sie ein eigenes Konto besitzt, ist dieses maßlos überzogen und ihre Finanzlage verschlechtert sich Jahr für Jahr. Die Ursache dafür ist nicht, dass sie gerne einkaufen geht und mehr ausgibt, als sie einnimmt, sondern laufend geschehen unvorhersehbare Ereignisse, die viel Geld kosten und in zahlreichen Situationen, wie der Verteilung des Erbes ihrer Mutter, der Scheidung von ihrem Ehemann, der Abfindung durch ihren Arbeitgeber und der monatlichen Zahlungen für ihre Kinder wurde sie immer wieder massiv benachteiligt, über den Tisch gezogen und im Stich gelassen. Nun ist sie an einem Punkt angekommen, wo sie Gefahr läuft, ihr Zuhause zu verlieren und alles aufgeben zu müssen, wofür sie ihr Leben lang gearbeitet hat. Mächtige

Muster und eine traumatische Erfahrung sind die wahren Ursachen dafür. Mir ist dabei aufgefallen, dass viele Glaubenssätze gute alte Bekannte sind, die mir sowohl in mir als auch im Bewusstsein anderer Menschen begegnet sind. Es ist davon auszugehen, dass auch Sie zumindest teilweise damit in Resonanz gehen werden:

- Geld ist schmutzig
- Ich habe kein Recht, Geld zu besitzen
- Geld bedeutet Macht und Macht zu haben ist unangebracht
- Geld ist Unrecht
- Geld zu haben bedeutet unrein zu sein
- Ich habe keine Macht und daher habe ich auch kein Geld
- Es ist Unrecht, mehr Geld als unbedingt nötig zu besitzen
- Geld steht mir nicht zu
- Ich bin vom Geld abhängig
- Geld hat Macht über mich

Diese und andere Glaubenssätze beinhalten Abhängigkeit, Machtlosigkeit und Ohnmacht und sie sind so mächtig, dass sie das gesamte Leben eines Menschen maßgebend bestimmen können, solange sie nicht erkannt und transformiert wurden. Es mag sein, dass Sie glauben, dass Sie diese Programme nicht in sich tragen, doch könnte es sich lohnen, dies zu überprüfen, denn die meisten Glaubenssätze sind uns völlig unbewusst und doch sind sie schöpferisch wirksam. Ich bin sicher, dass sich mehrere davon durch entsprechend unangenehme Gefühle auch in Ihnen zu erkennen geben. Überprüfen Sie dies am besten gleich jetzt und führen Sie die Transformation durch. Durch ihre Erfahrungen haben Sie möglicherweise alternative Glaubenssätze entwickelt, die diese uralten und häufig aus früheren Leben stammenden Prägungen abschwächen oder sogar aufheben, doch vorhanden sind sie oftmals trotzdem und es zahlt sich im wahrsten Sinne des Wortes aus, diese zu beseitigen!

Unser Bewusstsein erschafft laufend Situationen, in denen sich diese Glaubensmuster selbst bestätigen. Sie möchten erkannt werden und daher zeigen sie sich, so oft sie nur können. Die Qualität des Lebens bestimmt ja nicht unbedingt die Höhe der verfügbaren Gelder, sondern in Wahrheit entscheiden unsere Gefühle darüber, ob wir glücklich sind. Solange sich Glaubenssätze im Außen manifestieren, denen negative Gefühle anhaften, fühlen wir uns entsprechend schlecht, selbst wenn noch ausreichend Geld vorhanden ist. Durch die Transformation heben wir unser Gefühlsleben und zugleich befreien wir uns von den Ursachen für den Mangel an Geld. Wohlstand bedeutet für viele Menschen, Geld zu haben, doch in Wahrheit bedeutet Wohlstand, sich wohl zu fühlen, egal wie viel Geld man besitzt. Diese Glaubenssätze in sich zu tragen, macht das Leben unnötig schwer. Entscheidend ist, dass alle Ursachen im Bewusstsein beseitigt werden, die zu einem Mangel an Geld führen könnten. Sowie das Geld seine Macht über Sie verloren hat, kann Geld ungehindert zu Ihnen fließen und sowie alles im Fluss ist, kann Geld zirkulieren, wofür es gedacht ist. Solange Sie jedoch an Geld festhalten, wird der Fluss unterbrochen und es kommt zu Austrocknungserscheinungen. Um leichter zu Geld zu kommen, gibt es darüber hinaus Möglichkeiten, wie wir unser Bewusstsein darauf programmieren können.

Wie Sie sich vielleicht vorstellen können, ist das Verfassen eines Buches ein langwieriges Unterfangen. Man verändert zwischendurch das Konzept, fügt Bereiche hinzu, löscht andere wieder heraus, gewinnt zusätzliche Erkenntnisse und vieles mehr ereignet sich während dieser Monate. Die größte Kunst ist dabeizubleiben und weiterzumachen, sich jeden Tag erneut aufzuraffen, alles andere liegen und stehen zu lassen und dem Buch oberste Priorität einzuräumen. Damit hatte ich zu Beginn meine Schwierigkeiten, denn es hat mich sehr viel Willenskraft und Überwindung gekostet, mich von allem anderen loszulösen und fast täglich für mehrere Stunden in meinem Arbeitszimmer konzentriert zu schreiben. Ich fühlte mich zerrissen. Einerseits wollte ich schnell vorankommen und andererseits hat mich ein starkes Gefühl davon abgehalten und zu anderen Tätigkeiten hingezogen. Ich habe mich dann mit meinem inneren Widerstand auseinandergesetzt und Zwänge entdeckt, die mich in Missstimmung gebracht hatten. Die interessante Erkenntnis war die, dass zwei entgegengesetzt wirkende Glaubenssätze diese Zerrissenheit ausgelöst haben.

- Ich muss alles sofort machen
- Ich habe nicht so viel Zeit

Beide Glaubenssätze waren von negativen Gefühlen begleitet und daher nicht dienlich, weil ich jedes Mal, wenn ich mir vorgenommen habe, mich hinzusetzen, um am Buch zu arbeiten, zuerst diese Gefühle überwinden musste. Jedes Mal waren sie da und viel zu oft haben sie mich daran gehindert, an die Arbeit zu gehen oder über einen längeren Zeitraum konzentriert zu bleiben. Seit ich beide nicht mehr in mir trage, komme ich um ein Vielfaches schneller voran und freue mich schon darauf, gleich am nächsten Tag wieder ans Werk zu gehen.

In Beziehungen zeigen sich ganz viele unserer Muster. Die Partner fungieren füreinander wechselweise als Spiegelbilder und dies kann eine Beziehung über die Zeit sehr belasten und häufig scheitern diese daran, weil die Muster zwar vielleicht erkannt, aber aus Unwissenheit nicht geheilt, sondern kritisiert werden. Die Folge daraus sind wiederkehrende Streitigkeiten, unzählige unglückliche Partnerschaften und eine hohe Scheidungsrate. Ein extremes Beispiel für die Macht unserer Programme ist ein Mann mittleren Alters, der sich mir als sein Coach anvertraut und um Hilfestellung gebeten hat. Er ist charmant, sieht gut aus, hat einen gut trainierten Körper und eine Schwäche für Frauen. Man könnte meinen, dass er durch seine Begehrtheit bei den Frauen sehr glücklich sein müsste, doch genau das Gegenteil ist der Fall. Er sucht seit Jahren sehnsüchtig nach seiner Herz-Dame. Jedes Mal, wenn er sich in eine Frau verliebt hat, wurde er innerhalb weniger Wochen zutiefst enttäuscht. Doch warum ist es ihm unmöglich, eine Liebesbeziehung einzugehen und dauerhaft aufrecht zu erhalten? Man könnte meinen, dass dies bei seinen

Voraussetzungen doch kein Problem darstellen dürfte. Bei genauerem Hinsehen offenbarte sich neben einigen weniger bedeutenden Begleiterscheinungen der Kern seines Problems. Durch eine sehr frühe Verletzung hat er diesen Glaubenssatz gebildet:

- Frauen sind schlecht

Besonders schwierig macht es der Umstand, dass dieser mit dem Gefühl der Machtlosigkeit und einer ordentlichen Portion Wut in Verbindung steht. Dies lässt ihn bei jeder kleinen und unbedeutenden Verfehlung einer potentiellen Partnerin sofort aus der Haut fahren und alles in Frage stellen. Dass Frauen dies nicht lange mitmachen, kann sich jeder gut vorstellen, und solange er diesen Glaubenssatz in sich trägt, wird seine Frustration weiterhin groß sein und sich mit jeder neuen Begegnung weiter vertiefen. Durch die Heilung seines verletzten Herzens und die Transformation einiger Glaubenssätze konnte er sich befreien und schon bald darauf ist er seiner Herz-Dame begegnet. Mittlerweile sind bereits einige Monate vergangen und sie sind immer noch ein Herz und eine Seele. Von seiner Verachtung gegenüber Frauen und seinen Wutausbrüchen keine Spur.

Neben den direkten Spiegelungen gibt es auch Situationen, in denen uns nur indirekt, und dadurch etwas schwieriger zu erkennen, unser Bewusstsein gespiegelt wird. Eine direkte Spiegelung ist, wenn das Ereignis unmittelbar auf sich selbst Auswirkungen zeigt. Eine indirekte Spiegelung erfolgt über Situationen, die in erster Linie eine andere Person oder Personengruppe betreffen. Hierfür die Kurzform einer Geschichte einer befreundeten Familie, bei der sich zu Sylvester ein Ereignis zugetragen hat, das mehr als heftige Auswirkungen hatte.

Jenny, die sechzehnjährige Tochter der Familie wurde auf eine Privat-Party unter Freunden eingeladen. Eine ihrer Freundinnen hat mit Einverständnis und unter Aufsicht ihres Vaters ihre Freunde zu sich eingeladen. Die Party war ein voller

Erfolg und alle hatten ihren Spaß. Pünktlich wie vereinbart wurde Jenny um zwei Uhr früh von ihrem Vater dort wieder abgeholt. Am Weg nach Hause fühlte sie sich schlecht und kurz vor der Ankunft verlor Jenny plötzlich das Bewusstsein. Ihr Vater brachte sie ins Haus und alle waren sehr besorgt. Als sie kurz darauf wieder zu sich kam, erkannte sie ihre eigene Mutter nicht mehr und schnell wurde die Rettung gerufen. Nachdem sie zwischen Herzrasen und Ohnmachtsanfällen wechselte, wurde auch ein Notarzt hinzugezogen, der sie sofort ins Krankenhaus bringen ließ.

Dort wurde ein Alkoholtest gemacht, doch dieser brachte keine Erklärung für ihren Zustand. Ihr Vater regte an, einen Drogentest zu machen und dieser bescheinigte, dass ihr K.O.-Tropfen verabreicht wurden. Alle waren entsprechend entsetzt und ganz besonders ihr Vater tobte vor Wut. Alles verständliche Reaktionen, die uns im Normalfall sofort die Polizei einschalten und den Täter ausforschen lassen würden, um ihn entsprechend zur Rechenschaft zu ziehen. Jenny ging es erfreulicherweise rasch wieder gut und nachdem es sich hierbei um eine sehr selbstkritische Familie handelt, hat man auch bei sich selbst begonnen, die Ursachen für den Vorfall zu ergründen. Im Familienrat hat jeder für sich hinterfragt, welche Programme möglicherweise die Ursache für dieses Erlebnis sein könnten. Das Ergebnis war erstaunlich, denn alle Familienmitglieder haben in sich mächtige und schwerwiegende Programme entdeckt, die sie niemals vermutet hätten und das besondere daran ist, dass Jenny zwar davon direkt betroffen war, ihr selbst aber keinerlei nennenswerte Muster gespiegelt wurden. Die Vorkommnisse waren somit eine gemeinsame Schöpfung der gesamten Familie und Jenny hat sich auf Seelenebene bereiterklärt, als Projektionsfläche für die Familie zu dienen.
Diese Geschichte dient zur Veranschaulichung, wie unser Bewusstsein Auswirkungen auf unser gesamtes Leben hat. Welche Muster im Detail hier aufgezeigt wurden, ist unerheblich.

Durch den bewussten Eingriff in unsere Programmierung verändern wir unser Leben. Doch welche unmittelbaren Auswirkungen hat nun die Löschung eines Programms? Passieren die Dinge dann nicht mehr oder nehmen wir sie einfach anders oder gar nicht mehr wahr? Verlieren wir vielleicht auch etwas? Die Antwort ist einfach. Wir können nur gewinnen, denn wir entfernen ein Programm, das nicht in der Liebe ist und somit dem Ziel allen Lebens entgegensteht. Indem das Programm nicht mehr existiert, kann es sich auch nicht mehr manifestieren. Das bedeutet, wenn alle Programme transformiert sind, die beispielsweise für einen Mangel im Leben gesorgt haben, dann kann sich als einzige vorstellbare Konsequenz nur der Weg in die Fülle auftun.

So abstrakt es auch klingen mag, so haben alle Menschen die Tatsache zu akzeptieren, dass unser äußeres Erleben ausschließlich die Schöpfung unseres Bewusstseins ist. Es gibt keinen Zufall und es gibt absolut nichts in unserem Leben, das einfach nur so passiert, ohne seinen Ursprung in uns zu haben. Sämtliche negativen, schmerzhaften Erlebnisse sind ebenso unsere eigenen Schöpfungen wie alle erfreulichen Begebenheiten und glücklichen Fügungen, die sich in unserem Leben einstellen. Absolut alles hat jeder von uns selbst erschaffen und alles, was uns nicht gefällt, ist deswegen in unser Leben getreten, damit wir es erkennen, transformieren und in die Liebe bringen! Diese Aufgabe zu erfüllen ist das Ziel dieser Inkarnation, damit wir völlig frei sind und unser Leben unbeeinflusst von äußeren Umständen so gestalten können, wie wir es uns von Herzen wünschen. Das Ziel ist die Erlangung der vollen schöpferischen Kraft und die Freiheit, um alles selbst bestimmen zu können. Die Voraussetzung dafür ist jedoch die Bereinigung und somit die Heilung möglichst aller Programme, die der Verkörperung der Liebe in allen Lebenslagen entgegenstehen.

Welche Auswirkungen hat unser Bewusstsein auf das Leben aller Menschen?

Wenn ich den Zustand unserer Welt betrachte und all das Leid und die Zerstörung sehe, erfüllt es mein Herz mit tiefer Traurigkeit. Vielen wird es ähnlich wie mir ergehen und es drängt sich die Frage auf, was kann man dagegen unternehmen? Die Liste ist unendlich, denn so viele Dinge müssten verändert werden. Wo macht es Sinn anzufangen? Womit erzielt man die größte Wirkung? Das Kollektiv Menschheit ist eine Ansammlung von über sieben Milliarden einzelnen Individuen und solange sich die einzelnen Menschen verhalten, wie sie sich immer schon verhalten haben, wird sich am Verhalten des Kollektivs nicht viel ändern. Der Ansatzpunkt ist somit jeder Einzelne. Jeder kann unglaublich viel erreichen, indem er als Beispiel vorangeht. Indem Sie ihr Leben nach der Liebe ausrichten und Ihr Bewusstsein durch aktive Transformation laufend verändern, regen Sie Ihr Umfeld an, Ihrem Beispiel zu folgen. Indem man erkennt, dass Sie in vielen Situationen ganz anders reagieren oder anders darüber denken, beginnt Ihr Umfeld, sich ebenso umzuorientieren. Ein Einzelner kann sehr viel mehr erreichen, als Sie sich vorstellen können.

Ich bin überzeugt, dass es zahlreiche Menschen wie Sie gibt, die ihr Bewusstsein aktiv anheben. So entsteht an vielen Orten der Welt gleichzeitig ein Bewusstseinswandel kleiner Gruppen und daraus entwickelt sich ganz schnell ein Flächenbrand. Die Gruppen werden größer und stärker und ihre beispielgebende Wirkung erreicht bald die Regierungen und Machthaber und unsere Welt beginnt, sich rasch zum Positiven zu verändern. Mittels der aktiven Bewusstseins-Programmierung lässt sich ein weitreichender Effekt erzielen, der innerhalb weniger Jahre um den Globus geht. Einen sehr wesentlichen Beitrag zur Bewusstseinsentwicklung leisten unter anderem die zahlreichen Umweltschutzorganisationen, die sich um den Schutz der vom Aussterben bedrohten Tierarten bemühen und unentwegt daran arbeiten, ganze Landstriche zu Nationalparks erklären zu lassen, um Leben zu schützen. Die Liste an Bewegungen verschiedenster Art ist schier endlos und sie alle leisten einen wichtigen Beitrag zur Entwicklung des kollektiven Bewusstseins. Dabei wurden erfreulicherweise beachtliche Erfolge erzielt, auch wenn tiefgreifende Veränderungen, die der Zerstörung generell Einhalt gebieten, nur vereinzelt erzielt werden konnten. Der Grund dafür ist in unserer uralten Programmierung zu finden, auf die ich im Anschluss eingehen werde.

Jede Organisation hat mit der Idee eines Einzelnen oder einer kleinen Gruppe von Menschen begonnen und viele Bewegungen haben sich zu globalen Gruppierungen ausgeweitet. Das Entscheidende ist, dass die Veränderung, die ein Einzelner vollzogen hat, möglichst viele Menschen erreicht, damit sie diese erkennen und nachvollziehen können. Indem wieder viele Einzelne dem Beispiel folgen, wird sehr schnell ein globaler Effekt erreicht. Die Macht des Einzelnen sollten wir auf gar keinen Fall unterschätzen, denn ein einzelner Tropfen erscheint nicht viel zu sein, doch selbst ein Ozean besteht nur aus einer Ansammlung vieler einzelner Tropfen. Die Informationen dieses Buches sind ein Beschleuniger und können, gezielt angewandt, dazu führen, dass die vielen Bewegungen schnell zusätzliche Unterstützer bekommen und neue Organisationen ins Leben gerufen werden, damit sich unsere Welt sehr viel schneller wandeln und dem irrsinnigen Treiben in unserer Gesellschaft Einhalt geboten werden kann.

Es gibt jedoch eine bedeutende Komponente, die wir auf jeden Fall berücksichtigen müssen. Um in dieser Welt etwas bewegen zu können, müssen wir uns auf ein klar definiertes Ziel ausrichten. Es reicht nicht aus zu sagen, ich will diese Welt verändern, sondern wir müssen konkrete Ziele definieren und diese dann bewusst ansteuern und unser Augenmerk darauf gerichtet halten. Als Beispiel dafür möchte ich das weltweit tätige Kampagnen-Netzwert Avaaz (www.avaaz.org) nennen. Viele Millionen Mitglieder unterstützen ganz konkret formulierte Kampagnen, die laufend Veränderungen bei Gesetzesentwürfen und politischen Entscheidungen bewirken. Avaaz will das Volk vereinen und ihm eine starke Stimme verleihen. Durch eine klare Zielsetzung wurde dies ein voller Erfolg. Eine Petition, die von den Regierungen verlangt, die aktive Bewusstseins-Programmierung an allen Schulen der Welt den Kindern zu lehren, wäre eine wundervolle Möglichkeit, um einen Verstärker und Beschleuniger der Bewusstseinsentwicklung zu setzen.

Jetzt stellen Sie sich vor, dass Sie anhand dessen, was Sie in diesem Buch lesen, in die Lage versetzt werden, Ihr Leben so zu verändern, dass nur noch das passiert, was Ihnen Freude bereitet. Sie haben jetzt die Möglichkeit, durch Ihr Leben als Beispiel für viele andere als Vorbild zu wirken, und einige werden sich fragen, wie es denn sein kann, dass Sie so voller Lebensfreude strahlen? Sie können nun Ihr Geheimnis für sich behalten und die anderen ihr Leben mit allen ihren Mustern und Programmen weiterführen lassen. Indem Sie aber andere daran teilhaben lassen und erläutern, wie das Leben denn so funktioniert und die Menschen in der Anfangsphase unterstützen, ihr Bewusstsein ebenso wie Sie weiterzuentwickeln und sich Liebe, Freude und Glückseligkeit in ihr Leben zu bringen, dann werden auch diese Menschen ihr Wissen weitergeben und so entsteht eine Welle, die rasend schnell um den ganzen Globus geht.

Wir alle leben zeitgleich in zwei Welten. Die eine ist unsere individuelle, persönliche Erfahrungswelt, die jeder für sich so gestalten kann, wie er es sich wünscht und durch aktive Transformationsarbeit mit sofortiger Wirkung verändern kann. Unsere kollektive, globale Erfahrungswelt ist eine Welt, die wir gemeinsam erschaffen haben und der Ausdruck des kollektiven Bewusstseins ist. Diese Welt ist ein riesengroßer Spiegel, eine Projektionsfläche für das gesammelte Bewusstsein von über sieben Milliarden Menschen. Jede individuelle Welt ist mit der kollektiven Ebene untrennbar verbunden. Die meisten Menschen kümmern sich lediglich um ihre eigene Welt und das Kollektiv lassen sie völlig außer Acht und nehmen als gegeben hin, dass sich diese Welt nicht verändern lässt. Sie kapseln sich ein und glauben, eine Insel bilden und sich von allem anderen abzuschotten zu können. Doch dies ist nicht möglich. Um die kollektive Welt zu verändern, braucht es eine gewisse kritische Masse an erwachten Menschen, die ihre individuelle Welt vollständig transformiert haben. Sowie ausreichend viele Menschen an der Erschaffung einer alternativen kollektiven Menschenwelt zu arbeiten begonnen haben, wird sich diese ebenso schnell verändern wie die jeweiligen individuellen Welten. Hierfür reicht ein geringer Prozentsatz der Weltbevölkerung aus. Die Energien für den Wandel sind im Übermaß vorhanden, jetzt fehlt es nur noch an entsprechenden Vorreitern, die als Pioniere vorausgehen, ihre individuellen Aufgaben abschließen und dadurch für das Erschaffen einer kollektiven neuen Welt frei sind.

Damit wir uns zutrauen, diesen Weg zu gehen und unsere neu erkannten Möglichkeiten in die Welt zu tragen, benötigen wir die geeigneten Programme in uns. Der nächste große Schritt in unserer Bewusstseinsentwicklung ist die Selbstprogrammierung. Durch die klare Ausrichtung auf ein Ziel ist es uns möglich, die Voraussetzungen in unserem Bewusstsein zu schaffen, damit diese Ziele auch erreicht werden können. Sowie Sie ein klares Ziel formuliert haben, können Sie sich auf die Erreichung dieses Ziels selbst programmieren! So einfach wie die Löschung von Programmen, die Ihren Zielen im Wege stehen, können neue Programme auch geschrieben und in Ihr Bewusstseinsfeld eingebracht werden, um die Zielerreichung zu unterstützen.

Sich selbst programmieren

Bevor wir uns den Status der Menschheit im Detail ansehen und die dafür verantwortlichen Programme ermitteln, ist es wichtig, dass Sie die Technik kennenlernen, wie Sie sich selbst programmieren können. Wie zuvor erwähnt, ist die klar definierte Zielsetzung der erste und wichtigste Schritt. Das Besondere an dieser Technik ist, dass sie dafür gedacht ist, uns eine Programmierung zu ermöglichen, die darauf ausgerichtet ist, dem Einzelnen und dem Kollektiv zu dienen. Unter dienlich ist zu verstehen, dass diese den göttlichen Plan der ständigen Evolution unterstützt und der göttliche Plan sieht vor, dass sich alles Leben der bedingungslosen Liebe unentwegt Schritt für Schritt nähert. Die hier vorgestellte Technik funktioniert ausschließlich in diesem Sinne! Das bedeutet, Sie können sich auf alles Programmieren, das Sie als erstrebenswert erachten, die Voraussetzung ist jedoch die Liebe und das höchste Wohlergehen allen Lebens. Es ist unmöglich, bewusst Programme zu schreiben, die niedrig schwingende Gefühle und Emotionen beinhalten und andere benachteiligen. Diese werden von unserem System in dieser Form nicht angenommen. Wenn Sie ein Ziel formulieren, das anderen schadet oder nur auf Ihren Vorteil ausgerichtet ist, so werden Sie damit scheitern. Eine „Fehlprogrammierung" ist ausgeschlossen! Wir werden später darauf zurückkommen und anhand von Beispielen die Voraussetzung für eine erfolgreiche Programmierung erörtern. An dieser Stelle ist es wichtig, die grundlegende Technik kennenzulernen, denn im folgenden Kapitel werden Sie mit Ihren uralten Grundprogrammen konfrontiert und werden erkennen, dass zahlreiche Veränderungen für Ihr weiteres Leben von großem Vorteil sein werden.

So einfach es ist, einen Glaubenssatz zu löschen, ebenso einfach ist es, einen neuen in Ihr persönliches Bewusstseinsfeld einzubringen. Sie definieren zuerst, wie der Glaubenssatz lauten soll. Das bedeutet natürlich, dass Sie wissen müssen, worauf Sie sich ausrichten möchten. Daher zuvor die klare Zielsetzung und die Frage nach der erforderlichen Programmierung, wovon

Sie überzeugt sein sollten, damit Ihr Ziel erreichbar ist. Darauf zu achten ist, dass der Glaubenssatz seinen eigenen und den freien Willen anderer nicht einschränkt und dass er keinerlei Verpflichtung darstellt, die häufig durch das Wort „muss" zum Ausdruck kommt.

Ist der Satz positiv, sprich ohne Verneinungen formuliert, dann ist es wichtig, das Gefühl und die Emotion, mit der er verbunden werden soll, zu definieren. Das Gefühl drückt der Satz zumeist bereits aus. Sollte dies nicht der Fall sein, so ist die Liebe immer passend. Die Emotion ist immer die allumfassende Liebe oder die allmächtige Schöpfermacht. Wichtig ist, dass Sie zuvor das Gefühl in sich wahrnehmen und dann auch noch die Emotion in sich spüren. Machen Sie sich bewusst, dass Sie hiermit einen Schöpfungssatz formulieren, der ab diesem Zeitpunkt Ihr Leben maßgebend beeinflussen wird, indem er sich in Ihrer Realität laufend manifestieren möchte! Sie werden im anschließenden Kapitel zahlreiche wesentliche Beispiele kennenlernen, die Sie unmittelbar in Ihr System integrieren können.

Das neu zu installierende Programm ist nun vollständig vorbereitet und Sie sprechen dazu den Glaubenssatz mehrmals laut oder leise aus, bis Ihr Verstand diesen vollständig aufgenommen hat. Dann fügen Sie zuerst das Gefühl hinzu und danach die Emotion. Wichtig ist, dass Sie das Gefühl und die Emotion zugleich wahrnehmen und folgendes zu sich selbst sagen:

„Ich verbinde diesen neuen Glaubenssatz mit dem Gefühl (z.B. der Liebe) und mit der Emotion (z.B. der allumfassenden Liebe) und ich integriere diesen jetzt in mein persönliches Bewusstseinsfeld."

Achten Sie darauf, dass Sie dabei das Gefühl und die Emotion auch wirklich deutlich wahrnehmen! Sie werden feststellen, dass dies sehr leicht und unerwartet schnell geht.

Sie fragen sich, wie es möglich ist, dass sich dieses Programm einfach nur so auch tatsächlich jetzt sofort in Ihrem Bewusstsein verankert? Die Antwort ist einfach: Wir sind schöpferische Wesen und wenn es unser schöpferischer Wille ist, dann ist es auch so. Wir selbst haben die Macht über unser System, wir haben nur verlernt, diese zu nutzen! Beim Herauslöschen eines nicht mehr dienlichen Programms wird die Transformation in unserem Herzen ja auch durch unseren freien Willen eingeleitet. Sie werden im weiteren Verlauf noch sehr viel mehr Zugang zu Ihrer schöpferischen Macht erhalten und diese immer deutlicher wahrnehmen können.

Die wichtigsten Vorbereitungen für Ihre Transformation sind nun abgeschlossen. Sie haben nun die Möglichkeit, sich von einem immer wieder durch scheinbar von außen einwirkende Faktoren fremdbestimmten Wesen zu einem selbstbestimmten Schöpfer Ihrer individuellen Lebensumstände zu verwandeln.

Hier nochmals die Technik in Kurzform:

- Glaubenssatz formulieren
- Gefühl und Emotion bestimmen
- Glaubenssatz mit Gefühl und Emotion verbinden
- Im Bewusstseinsfeld integrieren (abspeichern)

Status der Menschheit

Um eine Veränderung in unserem eigenen Leben und der gesamten Menschheit zu erreichen, ist es von größter Wichtigkeit, festzustellen, welche Programme die Ursache dafür sind, dass diese Welt so ist, wie sie heute ist. Es geht im ersten Schritt nicht darum, festzulegen, was genau alles unternommen werden soll, um den Status zu verändern, sondern was die Ursachen für den Status quo sind, um diese in uns bereinigen zu können.

Die ständige Evolution allen Lebens ist das Ziel. Es gibt keine Rückentwicklung – alles kann nur vorwärts gehen. Die Menschheit als Kollektiv steht für mein Empfinden allerdings schon lange Zeit nahezu still und entwickelt sich im Vergleich zu unseren Möglichkeiten nur im Schneckentempo. Warum ist das so? Wir sind von Ängsten aller Art geplagt und daher verharren viele wie gelähmt. Das Vertraute, auch wenn es uns nicht gefällt, ist immer noch besser als eine mögliche Veränderung, denn jeder Gedanke an Änderungen trägt die Sorge in sich, den Status zu verschlechtern und löst daher Angst vor weiteren schmerzlichen Erfahrungen aus. Angst ist das größte Hindernis, sich weiterzuentwickeln und die Angst beraubt uns unserer Schöpfermacht. Dabei sind Ängste nur Botschaften der Seele. Sie möchte uns etwas sagen. Letztlich weisen uns Ängste darauf hin, wo wir noch genauer nachsehen sollen, um alte einschränkende Bewusstseinsprägungen aufzuspüren und diese aufzulösen bzw. durch hilfreiche neue Muster zu ersetzen.

Lassen Sie uns, bevor wir die aktive Transformation im Bewusstsein durchführen, gemeinsam eine Bestandsaufnahme unserer Gesellschaft machen. Blicken wir auf die wesentlichen Bereiche unserer Welt und wie die Menschen darüber denken bzw. welche Überzeugungen wir in uns tragen. Wir tauchen in die Bewusstseinsfelder unseres Lebens ein, um die darin abgespeicherten Gedanken, Glaubensmuster und Grundprägungen zu erkennen. Diese zu verstehen, ist die Voraussetzung, um eine grundlegende Änderung vornehmen zu können. Vielen ist jedoch nicht bewusst, dass wir, seit es uns Menschen gibt, mit einer Grundprogrammierung ausgestattet wurden. Mit der Geburt bringen wir diese Programmierung mit und viele Bestandteile des Programms Mensch sind uralt. Doch wir müssen nicht mit diesen überalterten Programmen leben, wir haben die Wahl, diese zu verändern. Ich habe im Zuge meiner Arbeit viel Zeit zugebracht, um die jeweiligen Bereiche unserer Gesellschaft zu analysieren und die Basisprogrammierung aufzuspüren. Unser Bewusstsein besteht im Wesentlichen aus zwei Bereichen, der Grundprogrammierung und der individuellen Programmierung. Die Basis ist angeboren und die individuelle Programmierung entwickelte sich aufgrund unserer Erfahrungen im Laufe der zahlreichen Inkarnationen. Im Folgenden finden Sie zu den einzelnen Bereichen unserer Gesellschaft die Auflistung der jeweiligen Basisprogramme und Sie werden sich wundern, was alles in uns abgelegt wurde. Eine Ausgangsbasis, die es mehr als nur schwierig gestaltet, in die Liebe zu kommen und zur göttlichen Einheit zurückzukehren.

Die Basis ist äußerst mächtig und bestimmt das Wesen Mensch in seinen Grundzügen, während die individuelle Programmierung den Feinschliff ausmacht. Eine Basisprogrammierung sollte möglichst nicht einfach nur gelöscht werden, sondern es ist von großer Bedeutung, diese durch dienliche Programme zu ersetzen. Sie halten ein ganz besonders wertvolles Werkzeug in Händen, mit dem Sie in Ihrem Leben weitreichende und äußerst positive Veränderungen erzielen können.

Ich möchte Ihnen an dieser Stelle in Erinnerung bringen, dass alle Glaubenssätze, die in Ihnen ein unangenehmes, negatives Gefühl oder eine unangenehme, negative Emotion auslösen, zur Transformation durch Ihre Seele vorgesehen und freigegeben sind. Ihre Seele ist die bestimmende Größe Ihres Lebens und sie achtet auf Ihr höchstes Wohlergehen. Mit jeder Transformation erhöhen Sie Ihr Bewusstsein, Ihre Eigenschwingung und Ihr Leben wird ein Stückchen ruhiger, einfacher, liebevoller und glücklicher. Ihr Verhalten verändert sich, weil Sie nicht mehr durch die Impulse der negativ belasteten Programme geleitet werden, sondern überlegt aus Ihrer Weisheit heraus handeln können. Lebenslust und Liebe halten Einzug in Ihr Leben!

Die Fähigkeit zu vergeben:

Ich möchte hier an das Kapitel über die Vergebung anschließen und mit Ihnen näher betrachten, warum uns zu vergeben oft so schwer fällt. Vergeben zu können bedeutet zu verstehen, was im Leben wirklich wichtig ist und worum es bei den jeweiligen Erfahrungen geht. Unsere Grundprogrammierung beinhaltet jedoch große Hindernisse, um Vergebung üben zu können. Es mag schockierend wirken, aber Sie werden feststellen, dass auch in Ihnen diese Muster vorhanden sind.

- Alles muss vergolten werden
- Ich habe nicht das Recht zu vergeben
- Niemand hat das Recht, jemals um Vergebung zu bitten

Wie Sie erkennen können, besteht in uns eine dreifache Absicherung dafür, dass das Spiel der ewigen Vergeltung möglichst lange aufrechterhalten werden kann. Sie sind die Ursache für Streitigkeiten, Morde, Kriege, Strafgesetze, Gerichte, Gefängnisse und vieles mehr. Es gibt wohl keinen besseren Zeitpunkt, als jetzt gleich die Transformation, wie zuvor beschrieben, durchzuführen. Zur Erinnerung an die einfache Technik lesen Sie erneut das Kapitel „Transformation von Glaubenssätzen“.

Seine wahre Größe kann ein Mensch allerdings erst erreichen, wenn die folgende Überzeugung in seinem Bewusstsein verankert ist.

Neuer Glaubenssatz: Die Fähigkeit, alles zu vergeben, ist das höchste, was ein Mensch erreichen kann.
Gefühl: Liebe; **Emotion**: Allumfassende, bedingungslose Liebe

Integrieren Sie diesen neuen Glaubenssatz am besten jetzt gleich in Ihr Bewusstseinsfeld. Die Technik finden Sie im vorhergehenden Kapitel „Sich selbst programmieren".

Gesundheit:

Immer mehr Menschen sind krank und laufend treten neue Krankheitsbilder auf, für die es aus der Sicht der Schulmedizin keine eindeutige Erklärung und auch keine Behandlungsmöglichkeiten gibt. Die Menschheit glaubt durch das Einbringen chemischer Substanzen in den Körper, auch Medikamente genannt, die Symptome lindern oder heilen zu können. Dies mag durchaus vorübergehend auch möglich sein, doch diese oder eine andere Krankheit folgen sehr häufig kurz darauf, weil die eigentliche Ursache für die Erkrankung immer noch existiert. Die psychischen Erkrankungen nehmen ebenso wie alle anderen rapide zu und die jährlichen Kosten für Wirtschaft, Krankenkassen und den Steuerzahler steigen dramatisch an. Die Menschheit nimmt das so als gegeben hin und es wird versucht, durch Effizienzsteigerung und Einsparungen an allen Ecken und Enden dem Problem Herr zu werden. Doch was steht dahinter – warum sind so viele Menschen krank? Muss das so sein? Was ist denn eigentlich eine Krankheit?

Der Blick hinter die Kulissen, in unser Bewusstsein, verrät alles und gibt zugleich die Lösungsansätze preis. Krankheit ist Ausdruck der Seele, die den Körper erkranken lässt, um aufzuzeigen, dass das Ego, der irdische Anteil, entgegen seiner Bestimmung handelt. Der Mensch ist ein Dreiergespann aus Körper, Geist und Seele und die Seele ist der übergeordnete Teil im Leben des Menschen – sie entscheidet, welche Erfahrungen im Leben vorgesehen sind und sie sorgt dafür, dass diese auch gemacht werden können. Wer diesen Umstand negiert und der Seele die Erfüllung ihres Plans nicht unterstützt, wird in seinem Leben immer wieder teils schmerzhafte Erfahrungen machen. Jedes Leben hat einen höheren Sinn und solange der Seelenplan erfüllt wird, kann jeder völlig frei alles Zusätzliche erfahren, was das Leben zu bieten hat. Bleibt der Seelenplan unerfüllt, passiert einige Zeit gar nichts, bis die Seele eines Tages dazu auffordert, auf den Seelenweg zurückzukehren. Sie tut dies auf die unterschiedlichste Art. Erst wenn die vielen Impulse vom Ego über einen längeren Zeitraum negiert werden, werden sie deutlicher und bringen die ersten Krankheitssymptome. Erfolgt immer noch kein Einlenken, entwickelt sich daraus eine Krankheit oder es passiert ein Unfall, der den Menschen zwingt, zu reflektieren und sich mit sich selbst zu beschäftigen.

Im Seelenplan verankert ist auch die Heilung von einschneidenden Erlebnissen aus früheren Inkarnationen und auch von Verstrickungen aus diesem Leben. Heilung auf allen Ebenen ist das Ziel und je früher Sie Ihre Lebensthemen erledigt haben, umso eher wird Ihr Leben ganz nach Ihren Vorstellungen verlaufen. Die Seele will genau das erreichen und wählt unvorstellbare viele verschiedene Wege, um Ihnen genau das bewusst zu machen und Sie dazu zu bewegen, die Heilung voranzutreiben. Indem Sie an dieses Buch herangeführt wurden, möchte Ihnen Ihre Seele einen sehr deutlichen Hinweis geben und Ihnen zugleich das passende Werkzeug an die Hand geben.

Damit wir Menschen die Existenz und die Möglichkeit zur Kommunikation mit unserer unsterblichen Seele für unmöglich halten, wurden in unserem Bewusstsein dazu folgende Glaubensmuster abgespeichert:

- Ich bin dieser Körper
- Ich bin von Gott getrennt
- Ich bin von der Liebe getrennt
- Das Leben ist schwer zu bewältigen
- Der Tod ist das Ende des Lebens
- Vor dem Tod muss man sich fürchten

Der Glaubenssatz „Ich bin dieser Körper“ drückt die Identifikation des Einzelnen mit seinem Körper aus. Doch ist der Körper nur das für diese Erfahrungsebene erforderliche Gefäß (Raumschiff), in dem wir uns befinden, der uns die Möglichkeit gibt, das zu erfahren, was wir für unser Leben geplant haben und darüber hinaus. „Ich bin von Gott getrennt" drückt die Missachtung unseres göttlichen Anteils – unserer Seele – aus. „Ich bin von der Liebe getrennt" bildet die Grundlage des Bewusstseins der Trennung von allem. „Das Leben ist schwer zu bewältigen" ist ebenso eine alte Prägung und die Quelle zahlreicher Schwierigkeiten, die uns immer wieder begegnen und uns daran hindern, unseren Impulsen folgend aktiv zu sein und uns auf alles Neue zu freuen und uns voll Tatendrang in neue Abenteuer zu stürzen. „Der Tod ist das Ende des Lebens" und „vor dem Tod muss man sich fürchten" lässt uns immer wieder zögern und zurückschrecken. Diese Programme sind die Quelle der Angst und die Ursache, warum es möglich war, uns über einen so langen Zeitraum zu manipulieren und zu unterdrücken. Wer diese Prägungen aufgelöst hat, der ist frei für alles, denn wir können unser Leben nicht verlieren; wir sind unsterbliche Seelen und können nur an Erfahrung, Weisheit und Freude gewinnen!

Dies sind die Kernelemente, warum der Mensch seine Seele – sein höheres Ich – verleugnet. Die meisten Krankheiten stehen hiermit und in Kombination mit weiteren Glaubenssätzen in Verbindung, die jedoch individuell und situationsbedingt betrachtet werden müssen. Selbst wenn jemand diese Prägungen transformiert hat, können Krankheiten auftreten, die auf individuellen Mustern basieren, die Wahrscheinlichkeit ist aber bereits deutlich reduziert. Es ist daher besonders wichtig, dass möglichst viele Menschen dies wissen und den Erkrankten helfen, ihre Muster zu erkennen und aufzulösen. Dies sollte ein wesentlicher Aspekt in der Ausbildung aller Ärzte und Helfer werden, um die Menschheit als Kollektiv gesunden zu lassen.

Der Grundzustand/Normalzustand eines Menschen ist GESUND! Jede Krankheit drückt ein Ungleichgewicht aus und bereits beim kleinsten Anzeichen einer Änderung des Gesundheitszustandes sollte festgestellt werden, worin das

Ungleichgewicht besteht. Durch den Ausgleich im Bewusstsein beginnt unverzüglich der Heilungsprozess. Auf eine Besonderheit bei Krankheiten möchte ich an dieser Stelle hinweisen. Wenn Kinder schwer erkranken, ist die Ursache häufig bei den Eltern zu suchen! Durch die Heilung der Programme der Eltern werden die Spiegelungen durch die Kinder überflüssig und es können sogar aussichtslose Fälle wieder gesunden. Eine umfassende Betrachtung der gesamten Familie ist dazu empfehlenswert.

Ebenso wichtig wie die Auflösung hinderlicher Glaubensmuster sind auch in diesem Fall mehrere dienliche Gegenstücke im Bewusstsein zu verankern. Die folgenden Glaubenssätze sollten im Austausch gegen die alten Prägungen in Ihr Bewusstseinsfeld eingebracht werden.

Neuer Glaubenssatz: Ich bin ein göttliches Wesen aus reinstem Licht und benutze diesen von mir völlig unabhängigen Körper, um in der Materie zu wirken.
Gefühl: Liebe; **Emotion**: Allmächtige Schöpfermacht

Neuer Glaubenssatz: Alles ist Eins.
Gefühl: Einheit; **Emotion**: Allumfassende, bedingungslose Liebe

Neuer Glaubenssatz: Ich bin die Liebe selbst
Gefühl: Liebe; **Emotion**: Allumfassende, bedingungslose Liebe

Neuer Glaubenssatz: Ich bin ein Schöpfergott.
Gefühl: Schöpfermacht; **Emotion**: Allmächte Schöpfermacht

Neuer Glaubenssatz: Ich bin eine unsterbliche Seele.
Gefühl: Liebe; **Emotion**: Allumfassende, bedingungslose Liebe

Indem wir diese Arbeit in unserem Bewusstsein vollbringen und darüber hinaus dafür sorgen, dass dies möglichst alle Menschen tun, wird die Gesundheit oder besser die Krankheit der Menschen kein Wirtschaftsfaktor mehr sein. Ebenso werden dadurch Krankenkassen, Krankenhäuser,

Pharmakonzerne und Arztpraxen in dieser Form überflüssig und können auf Gesundheitszentren sowie Bewusstseinsforschungs- und -entwicklungszentren umgestaltet werden. Dem Leid durch Krankheit kann ein Ende gesetzt werden!

Wirtschaft:

Die Kreativität der Menschheit ist enorm, nur leider fehlgeleitet. Die Suche nach neuen Möglichkeiten, um etwas zu Geld zu machen, begleitet Viele Tag und Nacht. Speziell in den Industriestaaten träumen die meisten von Karriere, Reichtum und großem Besitz. Unternehmen müssen ständig wachsen, immer neue Märkte erschließen, neue und noch mehr Produkte auf den Markt bringen und ihre Marktmacht ausdehnen. Konkurrenten werden mit allen erlaubten und auch anderen Mitteln bekämpft und wenn man sie nicht besiegen kann, dann versucht man sie aufzukaufen. Die Angst, Verluste einzufahren, ist groß und selbst wenn die Marktlage sich verschlechtert, stellen Manager gerne Planungen auf, die weiteres Wachstum versprechen. Der Drang zu ständigem Wachstum grenzt an Fanatismus, Macht und Geld werden über das Leben gestellt. Es gibt wenige, die von diesem Spiel profitieren und im absoluten Überfluss leben – ganz viele dienen dem System blind, ohne es zu hinterfragen, um ein möglichst angenehmes Leben führen zu können. Doch für viele ist es ein Kampf ums nackte Überleben, sie leben am oder unter dem Existenzminimum.

Aus der Sicht der Manager hat der Mensch nur solange einen Wert, solange dieser einen Beitrag zum wirtschaftlichen Erfolg leistet. Und wenn jemand es wagt, den Sinn des Systems zu hinterfragen, droht ihm der Ausschluss und schnell kehrt dieser wieder aus Angst vor Verlust des Lebensstandards in das Hamsterrad zurück, um das zu tun, was von ihm erwartet wird, egal ob es ihm gefällt oder nicht. Der Arbeitnehmer ist vom Wohlwollen des Arbeitgebers abhängig. Das Unternehmen ist wiederum vom Wohlwollen seiner Kunden abhängig und so ist letztlich jeder von jedem abhängig und alle haben ständig Angst, aufgrund ihrer Abhängigkeit etwas zu verlieren oder Nachteile zu erfahren. Daher ist das Ziel, diese Abhängigkeit durch Größe und entsprechende Marktmacht zu verringern und den Markt zu dominieren.

Faszinierend ist, dass diese Zustände nur auf der Basis eines einzigen Glaubensmusters entstanden sind:

- Ich bin von allem anderen getrennt

Ein uraltes Muster, das die Umstände des Lebens der Menschheit über Jahrtausende geprägt und die Menschheit von einer konstruktiven Zusammenarbeit zum höchsten Wohle aller abgehalten hat. Es ist höchste Zeit, dies zu ändern. Als Alternative ist hier der Glaubenssatz „Alles ist Eins“ zu sehen, welcher bei erfolgter Transformation des Bereiches Gesundheit bereits im persönlichen Bewusstseinsfeld verankert ist.

<u>Geld und Besitz:</u>

Wer von Wirtschaft spricht, spricht im selben Atemzug von Geld. Geld regiert die Welt und wer viel davon hat, der kann nahezu alles besitzen, was er sich vorstellen kann und wer zu wenig davon hat, der hat so gut wie nichts und muss um sein Überleben kämpfen. Die Macht des Geldes ist so groß, dass es den Anschein hat, es sei mächtiger als Gott. Geld wird auch gerne als Ersatzgott bezeichnet. Selbst die Kirchen haben sich dem Ersatzgott gebeugt und Besitztümer angehäuft. Die katholische Kirche dürfte einer oder sogar der größte und mächtigste Konzern der Erde sein und dennoch ist sie auf permanenten Zufluss von noch mehr Geld ausgerichtet.

Welche Auswirkungen hat das Streben nach Reichtum? Auf sich alleine fokussierter Materialismus in Form von Geld und Besitz erzeugt Leid bei unvorstellbar vielen anderen Lebewesen! Je mehr die einen haben, umso weniger bleibt für die anderen. Wir sehen dies daran, dass rund eine Milliarde (!)

Menschen an Unterernährung leidet. Jeder, der nach viel Geld und Besitz strebt, trägt unbewusst ein unerfülltes Mangelgefühl in sich. Darüber hinaus stellt sich die Frage: Ist jemand, der nach Geld und Besitz strebt, ernsthaft auf seine persönliche Entwicklung fokussiert und ist er dabei in der Liebe? Nein, denn damit sind niedrig schwingende Gefühle und Emotionen verbunden, die uns von der Liebe weit entfernen. In uns sind Wesenszüge veranlagt, die das große Leid in der Welt überhaupt erst ermöglicht haben.

Dabei stellt sich die Frage: Wie konnte das Geld so mächtig werden? Was hat dazu geführt, dass es einen so hohen Stellenwert im Leben bekommen hat? Es wurde eines Tages vielleicht mit ganz anderen Absichten erfunden und als Hilfsmittel im Tauschhandel eingesetzt, doch sehr schnell haben schlaue Köpfe erkannt, welch mächtiges Instrument sie damit in der Hand halten, und sie haben es für ihre Zwecke genutzt. Im Laufe der Zeit fand es vielleicht auch aus Gründen der Bequemlichkeit Akzeptanz in der Bevölkerung, bis sich irgendwann ein Glaubenssatz in uns manifestiert hat, der uns jegliche Auswege aus diesem System verbaut.

- Ein Leben ohne Geld ist unmöglich

Wir sind mit diesem System aufgewachsen und kennen das Leben nur so – kaum jemand hat es je hinterfragt und solange diese Überzeugung im Bewusstsein aktiv ist, sind alle alternativen Konzepte zum Scheitern verurteilt! Haben Sie jemals darüber nachgedacht, wer sich das Recht herausnimmt, zu bestimmen, dass das Leben Geld kostet und das Sein auf der Erde kostenpflichtig ist? Man möchte es kaum glauben, aber unsere ursprüngliche Prägung sieht in uns allen Überzeugungen und wenig schmeichelhafte Wesenszüge vor, die dies ermöglicht haben:

- Die Absicht zu versklaven
- Die Absicht zu manipulieren

- Leistungen sind mit direkten Gegenleistungen aufzuwiegen
- Reichtum bedeutet Macht
- Ich muss Materielles für mich alleine beanspruchen

Wesenszüge kann man ebenso wie Glaubenssätze ansprechen und transformieren. Sie haben die größte Ursache für das Leid in unserer Welt vor Augen und haben die Macht, die Veränderung in Gang zu setzen!

Die einzig wahre Alternative dazu ist ein tiefes Urvertrauen in das Leben. Wir alle haben dieses Urvertrauen bereits erfahren – wir kennen diesen Zustand vom Zeitpunkt unserer Geburt. Jedes Baby liefert sich im absoluten Urvertrauen dem Leben aus und vertraut darauf, dass es liebevoll umsorgt wird und alles, was es für sein Leben braucht, zur rechten Zeit vorhanden ist. Dieses Vertrauen ist die Grundlage für das Leben in der göttlichen Einheit. Sowie dieses Vertrauen auch nur im Ansatz gestört ist, nimmt sich der betroffene Mensch selbst aus der Einheit heraus und ist auf sich gestellt und alleine für sein Wohlergehen verantwortlich. Dies ist die Grundlage des freien Willens, der von unseren geistigen Begleitern als das höchste Gut geachtet wird. Wer sich im Vertrauen der göttlichen Einheit hingibt, wird immer mit allem versorgt sein und in der Fülle leben. Jeder Mangel ist der Ausdruck von Programmen im Bewusstsein, die diese Mangelerscheinung erschaffen haben!

Hier die gegenteilige Polung, die uns der Liebe einen riesengroßen Schritt näher bringt und dem Leid in der Welt ein Ende setzt, sowie die kritische Masse dieses Bewusstsein in sich trägt.

Neuer Glaubenssatz: Die göttliche Quelle versorgt mich mit allem, was ich für mein Leben brauche.
Gefühl: Liebe; **Emotion**: Allumfassende, bedingungslose Liebe

Neuer Glaubenssatz: Alles gehört allen und jeder hat das gleiche Recht darauf.

Gefühl: Verbundenheit; **Emotion**: Allumfassende, bedingungslose Liebe

Dieser und der folgende Glaubenssatz sollten in den Verfassungen aller Länder der Erde verankert sein! Können Sie sich vorstellen, wie schnell und grundlegend sich dadurch unsere Welt verändern würde?

Neuer Glaubenssatz: Jede Wesenheit ist absolut frei.
Gefühl: Freiheit; **Emotion**: Allumfassende, bedingungslose Liebe

Neuer Glaubenssatz: Ich gebe erwartungsfrei aus tiefstem Herzen.
Gefühl: Verbundenheit; **Emotion**: Allumfassende, bedingungslose Liebe

Neuer Glaubenssatz: Ich bin Wahrhaftigkeit.
Gefühl: Wahrheit; **Emotion**: Allumfassende, bedingungslose Liebe

Mutter Erde und ihre Bodenschätze:

Der Planet und seine Schätze werden gnadenlos ausgebeutet – alle nur erdenklichen Methoden werden eingesetzt, um an die letzten Reserven der so begehrten Bodenschätze zu gelangen. Zahlreiche Ökosysteme werden aus dem Gleichgewicht gebracht und nachhaltig geschwächt bzw. zerstört. Doch die Ressourcen sind begrenzt und schon bald werden diese erschöpft sein oder nur mehr mit so hohem Aufwand gefördert werden können, dass sie unbezahlbar werden. Die Erde erscheint für die mächtigen Konzerne eine aus ihrer Sicht unerschöpfliche Quelle zur ständigen Erweiterung ihres Reichtums und ihrer globalen Machtposition zu sein. Dabei wird ein sehr wesentlicher Aspekt völlig außer Acht gelassen – die Erde ist ein lebender Organismus. Ähnlich unseres physischen Körpers kann man ihn nur bis zu einem gewissen Grad belasten und schädigen, bis er eben dann seine Lebenskraft einbüßt, schwer erkrankt und letztlich stirbt. Dabei wird etwas ganz Entscheidendes außer Acht gelassen, denn aus kosmischer/göttlicher Sicht hat bei aller Liebe zu uns letztlich der Planet gegenüber der Menschheit eine höhere Priorität! Um eine Vorstellung vom aktuellen Zustand zu bekommen, empfehle ich, sich jetzt einen kurzen Moment Zeit zu nehmen, um sich mit dem Ökosystem unserer Erfahrungsebene zu verbinden und einfach nur zu fühlen, wie es diesem aktuell ergeht. Schließen sie dazu die Augen und sprechen sie folgendes:

„Ich verbinde mich mit dem Ökosystem auf dieser Erfahrungsebene, in die ich eingebunden bin und erbitte, fühlen zu dürfen, in welchem gesundheitlichen Zustand sich dieses Ökosystem befindet."

Ich bin sicher, dass Sie fühlen können, wie kritisch der Zustand bereits ist. Dabei stellt sich die Frage, wie lange kann die Natur die Art und Weise, wie die Menschheit mit ihr umgeht, noch ertragen und ab wann muss sie uns durch diverse Ereignisse entsprechend deutlich in die Schranken weisen, um sich selbst zu schützen. Diese Glaubensmuster sind die Ursachen für den rüden Umgang mit unserem Planeten:

- Die Erde ist tote Materie
- Die Erde und der Mensch sind voneinander getrennt

Sobald eine kritische Masse an Menschen die folgenden Überzeugungen im Austausch gegen die alten Prägungen in sich verankert hat, wendet sich das Blatt unverzüglich und es werden schnell alternative Verhaltensweisen gesetzt, um den Planeten vor weiteren Schädigungen zu schützen, und alle Verletzungen und Verseuchungen zu heilen.

Neuer Glaubenssatz: Die Erde ist ein lebendes Wesen.
Gefühl: Liebe; **Emotion**: Allumfassende, bedingungslose Liebe

Neuer Glaubenssatz: Der Mensch und die Erde sind miteinander untrennbar verbunden.
Gefühl: Liebe; **Emotion**: Allumfassende, bedingungslose Liebe

Industrielle Fertigung:

Das Ziel der Industrie ist die standardisierte und möglichst kostengünstige Fertigung von großen Mengen der Produkte. Roboter und gigantische Fertigungsstraßen werden gebaut, um möglichst Tag und Nacht ohne Unterbrechung in immer noch kürzerer Zeit immer noch mehr Exemplare zu fertigen. Die Optimierung der Kosten geht vor Arbeitsbedingungen für die involvierten Menschen. Die Entwicklung von Produkten zielt in erster Linie darauf ab, neue Märkte künstlich zu erschaffen, indem den Konsumenten Produkte auf kunstvolle und häufig manipulierte Art und Weise schmackhaft gemacht werden, um wieder ein Produkt zu haben, mit dem man möglichst viel Geld verdienen kann. Die eigentlichen Bedürfnisse der Menschen werden dabei zumeist außer Acht gelassen. Wenn die Werbewirtschaft ihre Kreativität für Überlegungen einsetzen würde, die der gesamten Menschheit dienen, anstatt ihr Augenmerk auf die bestmögliche Vermarktungsstrategie zu lenken, so wären wundervolle Dinge innerhalb kürzester Zeit möglich.

Das Ziel ist, dass sich Produktentwickler wieder ausschließlich an den eigentlichen Bedürfnissen der Konsumenten orientieren, denn nur die möglichst vollständige Erfüllung dieser sollte die wahre Motivation und der eigentliche Grund sein, um etwas zu entwickeln und verantwortungsvoll zu produzieren. Das Wohlergehen derer, die das Produkt benutzen möchten, um zu mehr Lebensqualität zu kommen, sollte im Zentrum des Interesses liegen und Gewinndenken außer Acht gelassen werden. Eine Reihe von Mustern dominieren dieses Verhalten und machen eine Verhaltensänderung nahezu unmöglich:

- Ich muss die anderen übertrumpfen
- Ich muss um jeden Preis immer noch besser werden
- Ich muss hart kämpfen, um zu überleben
- Ich muss alleine für mein Leben sorgen

Sie hätten nicht geglaubt, dass auch in Ihnen diese Programme vorhanden sind? Dann haben wir etwas gemeinsam und ich bin sehr froh darüber, eine Möglichkeit gefunden zu haben, dies unmittelbar verändern zu können. Das „Muss“ in diesen Sätzen lässt uns alles als zwingend empfinden und nimmt uns die Möglichkeit, alternative Wege zu gehen. Die hochschwingenden Gegenstücke sind die bereits eingefügten Bewusstseinszustände der Einheit und des Vertrauens in die göttliche Quelle.

Der Sinn des Lebens:

Das tägliche Leben besteht für die meisten Menschen aus hektischem Treiben, um ihrem Beruf nachzugehen und alles zu besorgen, das sie für ein „angenehmes“ Leben benötigen. Die verbleibende Zeit wird vielfach dazu benutzt, um nach all jenen materiellen Dingen zu streben, die durch gezielte Werbung zu neuen Bedürfnissen geworden sind, die bei genauerem Hinsehen allerdings jeglicher Grundlage entbehren. Die restliche Zeit des Tages verschlingt die Ablenkung durch die bekannten Unterhaltungsmedien, denn man will ja entspannen und sich von den Strapazen des Tages erholen, um am nächsten Tag dort wieder anschließen zu können, wo man am Vorabend aufgehört hat. So vergehen die Jahre und kaum jemand nimmt sich die Zeit, um auf sich selbst zu reflektieren und das eigene Sein genauer zu betrachten. Die wenigsten machen sich die Mühe, sich selbst zu hinterfragen, um festzustellen, warum sie überhaupt am Leben sind. Die Kernfrage ist, was ist der höhere Sinn meines Lebens – warum bin ich?

Nun sind wir genau an dem Punkt angelangt, wofür dieses Buch geschrieben wurde – eben darum, um einen Anlass zu bieten, sich selbst in Frage zu stellen und herauszufinden, wie das Leben gestrickt ist und warum das Leben so verläuft, wie es eben verläuft. Die unzähligen Ablenkungen unserer hektischen und lauten Welt sind willkommene Anlässe, um sich eben nicht mit dieser Frage beschäftigen zu müssen. Man will dadurch einer Gefühlsmischung aus Sinnlosigkeit und Machtlosigkeit entfliehen, die sich bei dieser Frage in der Regel zeigen. Diese Gefühle stehen mit einem Glaubenssatz in Verbindung, der bei logischer Betrachtung jeglicher Grundlage entbehrt, aber dennoch in uns abgelegt wurde:

- Das Leben hat keinen Sinn

Wir erkennen hier ein Grundproblem der Menschheit und die Quelle vieler psychischer Erkrankungen, Burnout etc.! Wer sich dennoch überwinden konnte, sich der Frage nach dem Sinn zu widmen, der konnte diesen Satz in seiner Wirkung bereits deutlich abschwächen, viel einfacher ist das Leben jedoch, wenn man diesen, wie schon zuvor durch das Bewusstsein, ein Schöpfergott zu sein, ersetzt, und weiß, dass der Sinn des Lebens die Liebe ist!

Zukunft:

Wenn man die Menschen nach ihren Gedanken über die Zukunft befragt, berichtet die Mehrheit von ihren Visionen, wie ihr eigenes, einzelnes Leben in naher Zukunft aussehen könnte. Man wälzt Gedanken, die sich überwiegend mit materiellen Dingen beschäftigen, die das Leben angenehmer als zum aktuellen Zeitpunkt gestalten. Nur wenige blicken über den Tellerrand hinaus und richten ihre Aufmerksamkeit auf die Menschheit als Kollektiv, auf die Gesellschaft, wie sie sich entwickeln wird und wie die Natur und alles Leben auf dem Planeten Erde weitergehen sollen. Ein unglaublich mächtiger Glaubenssatz ist die Ursache dafür, auf sich alleine ausgerichtet zu bleiben und die kollektiven, globalen Veränderungen anderen zu überlassen.

- Ich bin vom System, in das die Menschheit eingebettet ist, abhängig

Hiermit kennen wir den Grund, warum sich jeder nur um sich selbst kümmert und warum das „System“ so mächtig werden konnte, weil die hinter dem System stehenden Machthaber dieser Erde die in uns verankerte Ohnmacht zu ihren Zwecken genutzt hat.

Solange dieses Muster existiert, wird es zwar laufend immer wieder schwerwiegende Krisen geben, durch die vorhandene Missstände aufgezeigt werden. Selbst kriegerische Auseinandersetzungen könnten daraus entstehen, doch am Ende wird das System möglicherweise in leicht modifizierter Form wieder in Kraft sein und erneut alles an sich binden und vereinnahmen. Um das System überwinden zu können, bedarf es eines völlig anderen Bewusstseinszustands. Damit ein grundlegender Wandel in der Gesellschaft vollzogen werden kann, braucht die Menschheit als Kollektiv das im Bewusstseinsfeld fest verankerte Wissen, wer wir Menschen in Wahrheit sind.

Neuer Glaubenssatz: Ich bin ein freies, ungebundenes und mit schöpferischen Kräften vollständig ausgestattetes göttliches Wesen.
Gefühl: Schöpfermacht; **Emotion**: Allumfassende, bedingungslose Liebe

Mit diesem Bewusstsein ist absolut alles möglich – individuell und kollektiv!

Religionen:

Faszinierend ist, wie es möglich war, dass im Namen Gottes, oder wie auch immer die als übergeordnet geglaubte Allmacht bezeichnet wird, seit Jahrtausenden getötet wird und Kriege geführt werden. In weiten Teilen der Erde ist es immer noch möglich, über den verirrten religiösen Glauben Menschen zu radikalisieren, damit diese Andersgläubige oder Menschen mit anderen Überzeugungen und Idealen bekämpfen und vernichten. Selbst in friedlicheren Gegenden tritt man Gott ehrfürchtig gegenüber, erniedrigt sich und fühlt sich klein und machtlos. Egal wie groß die Skandale der Kirchen waren und sind, die Angst und Ehrfurcht vor dem richtenden Gott und seinem verlängerten Arm auf Erden ist nach wie vor groß genug, um die Verblendung aufrechterhalten zu können, damit das künstliche Konstrukt weiterhin unterstützt wird. Einer der größten Schachzüge zur Manipulation der Menschheit ist der Glaubenssatz:

- Ich bin ein Sünder, ich habe Schuld

Dies ist die Grundlage für die Macht vieler Religionen. Dabei ist anzumerken, dass diese Schuld so raffiniert angelegt wurde, dass sie bei Lebzeiten niemals getilgt werden kann. Die neue Grundprägung liegt angesichts dessen klar auf der Hand.

Neuer Glaubenssatz: Ich bin absolut frei von jeglicher Schuld.
Gefühl: Liebe; **Emotion**: Allumfassende, bedingungslose Liebe

Erst dadurch wird es möglich, die Fesseln der Religionen abzulegen und die wahre Freiheit zu leben. Auch wenn es sich viele nicht eingestehen, ist die Sehnsucht nach Gott, Geborgenheit und Einheit in jedem Menschen tief verankert. Die Mehrheit sucht allerdings im Außen, anstatt die Göttlichkeit in sich selbst zu entdecken. Dadurch sind sie willkommene Opfer für radikale Separatisten, Religionen und Sekten, die zumeist bewusst auf Trennung, Machtausübung und ihre eigenen Interessen ausgerichtet sind. Es mag Religionen geben, die mir nicht bekannt sind, die andere Gebräuche pflegen, doch im Wesentlichen ist die Basisprogrammierung in uns die Ursache, dass die meisten Religionen überhaupt existieren. Neben der schon bekannten Trennung sind diese Wesenszüge und Glaubensmuster dafür verantwortlich:

- Die Absicht zu unterdrücken
- Die Absicht zu rauben
- Die Absicht, Menschen abhängig zu machen
- Nur in der Religion finde ich zu Gott
- Nur in der Religion finde ich Einheit

- Religion gibt mir Halt und Erfüllung

Erneut ist das Bewusstsein der Einheit mit allem was ist, die einzig passende Alternative, um zu unserer Wahrheit zu finden.

Spiritualität:

Der Begriff wird häufig missgedeutet und spirituelle Menschen werden zu Unrecht in Misskredit gezogen und als Spinner abgestempelt. Viele Menschen haben genau davor Angst und glauben, ihre Spiritualität in dieser Welt nicht leben zu können, wobei man zuerst der Frage nachgehen muss, was der Begriff überhaupt bedeutet. Letztlich heißt Spiritualität nichts anders als seinen schöpferischen Geist bewusst einzusetzen. Die meisten glauben fälschlicherweise, dass sie ihren Geist gar nicht bewusst einsetzen können, wo doch der Geist die Quelle allen Seins ist. Ohne Geist gäbe es absolut gar nichts, denn Geist beherrscht Materie! Wir sollten lernen, unseren Geist bewusst dazu zu verwenden, um andere Ergebnisse in unserem Leben zu erzielen. Seit einer unvorstellbar langen Zeit erzielt die Menschheit immer wieder die gleichen Ergebnisse. Alleine diese Darstellung des Status der Menschheit hätte im Wesentlichen von seinen Grundelementen her vor Hunderten von Jahren ebenso gleich ausgesehen als heute. Nur wenige haben die sich ständig wiederholenden Muster hinterfragt und ihren Geist bewusst dazu eingesetzt, um die Muster zu erkennen und zu verändern. Spiritualität hat nichts mit einem Glauben an einen bestimmten Gott zu tun, sondern lediglich mit dem Glauben an die Macht des eigenen Geistes. Nun geht es darum, dass alle Menschen ihre eigene schöpferische Macht entdecken und diese einsetzen lernen, um diese Welt grundlegend zu verändern. Die Aufgabe in diesem Buch ist es, einige von unzähligen Möglichkeiten aufzuzeigen, wie wir unseren Geist bewusst für unsere Zwecke einsetzen und die angestrebten Ergebnisse für uns selbst und alle anderen erzielen zu können.

Die Programmierung, die dahintersteht, ist bezeichnend:

- Die Erde ist ein Planet ohne göttliche Macht und ohne göttliche Liebe

Hätten wir diese Prägung schon viel früher erkannt und verändert, wäre diese Welt zwischenzeitlich eine völlig andere geworden. Die Transformation dieser Prägung bringt uns in unsere Schöpfermacht! Die logische Umpolung ist mit dem Bewusstsein, ein Schöpfergott zu sein, und die Liebe selbst zu sein, bereits zuvor erfolgt. Mit diesem neuen Bewusstsein ist die Existenz von höheren Ebenen und geistigen Wesenheiten wie Engel, aufgestiegene Meister sowie Lebewesen auf unzähligen anderen Planeten ein Selbstverständnis. Der Irrglaube der Menschheit, durch die Technisierung allem anderen Leben weit überlegen zu sein, erscheint angesichts dieser Umstände schon fast lächerlich. In Wahrheit sind wir eine sehr rückständige Spezies mit einem enorm hohen Aggressionspotential aufgrund von zahlreichen Ängsten, die uns alles Unbekannte als Bedrohung empfinden lassen. Aus diesem Grund sind wir im Universum isoliert und andere, weitaus höher entwickelte Lebensformen entziehen sich unserer Wahrnehmung, solange wir unsere spirituellen Fähigkeiten weiter unterdrücken und unsere Göttlichkeit verleugnen.

Die Bestimmung der Menschheit:

Wir sind eine ganz besondere Spezies, die dazu auserwählt ist, die Schöpfung zu beeinflussen. Wir sind die göttliche Kraft im Universum zur Erschaffung neuen Lebens in den unterschiedlichsten Formen und für eine Vielzahl neuer Welten. Die 3D-Ebene, in der wir uns derzeit befinden, ist als eine Art Grundschule zu sehen, die angehende Schöpfergötter absolvieren müssen, um in die Oberstufe aufsteigen und dort ihre Schöpferkraft ausleben zu können. Die Menschheit ist ein Abbild Gottes – wir sind auserwählt, die gesamte schöpferische Kraft für neues Leben in der Materie in uns zu vereinen. Wir sind diese Teile von Gott, in denen die ganze Schöpfermacht veranlagt ist und uns wurde die Macht und das Vertrauen geschenkt, dass wir diese Kraft dazu einsetzen, um neue Lebenserfahrungen in so vielen Varianten wie möglich überall im Universum zu ermöglichen. Unser bisheriges Leben dient der Vorbereitung auf das, was schon sehr bald in höheren Ebenen auf uns zukommt. Unsere Macht ist bereits jetzt in uns erwacht. Doch müssen wir lernen, diese bewusst einzusetzen. Jetzt an dieser Stelle gilt es herauszufinden, was uns bisher daran gehindert hat, ein bewusster Schöpfer zu sein. Eine seit unserer Erschaffung angelegte Grundprägung ist gepaart mit dem Gefühl der Abhängigkeit und die Emotion der Ohnmacht die Ursache dafür.

- Ich bin machtlos

Die neue Programmierung ist wieder das Bewusstsein, ein Schöpfergott zu sein. Spüren Sie den Unterschied, wie viel mehr Kraft und schöpferische Macht jetzt schon in Ihnen steckt? Wir fahren fort in der Ergründung der in uns wohnenden Einschränkungen.

<u>Politik</u>:

Angesichts unserer bisherigen Machtlosigkeit ist es mehr als verständlich, dass wir uns Menschen gesucht haben, denen wir den Auftrag gegeben haben, unser Leben in ein geordnetes System zu bringen. Wir haben den letzten Rest unserer Macht an die Politik abgegeben und somit zugelassen, dass über uns bestimmt wird. Die Politiker sind nichts anderes, als jene Menschen, die wir damit beauftragt haben, das zu regeln, zu dem wir nicht im Stande waren, es selbst zu regeln. Nachdem die Politiker aber selbst von ihrer schöpferischen Macht keine Ahnung haben, wurde die ihnen übertragene Macht fehl interpretiert und dazu benutzt, um Macht über das Volk zu erlangen. Für die Egos der Politiker war dies ein gefundenes Fressen, denn das Ego sucht nach seinem eigenen Vorteil und nichts ist ihm lieber, als Macht über jemanden haben zu können. Das paradoxe an diesem Umstand ist, dass es vielen Bürgern sehr Recht ist, wenn sie jemanden haben, dem sie die

Schuld geben können, wenn ihr Leben nicht so verläuft, wie sie es sich von Herzen wünschen.

Das Besondere, das die Menschheit ausmacht, ist unsere Schöpfermacht und solange wir diese nicht annehmen, werden wir so weiterleben wie bisher. Kaum jemand hat eine Vorstellung davon, wie viel Macht in uns wohnt und kaum jemand hat eine Vorstellung, was wir damit erschaffen können. Daher ist es so wichtig, dass wir beginnen, uns mit unseren Möglichkeiten zu beschäftigen. Es gibt etwas unvorstellbar Wichtiges auf der Erde zu erledigen, bevor die Menschheit voll und ganz in ihre Schöpfermacht gehen kann und das ist die Befreiung der Menschheit aus der Ohnmacht. Und diese Befreiung kann nur durch die Menschheit selbst erfolgen! Hier ist der Schlüssel dazu. Unsere Hilflosigkeit drückt sich über diese Glaubenssätze aus:

- Ich bin außer Stande, mein Leben selbst zu bestreiten
- Ich bin alleine und kann nichts erreichen

In unserem Wesen sind Grundzüge veranlagt, die alle mit der Macht über jemanden und der Lust zu herrschen einhergehen. Es handelt sich um keine klassischen Glaubenssätze, sondern Wesenszüge, die sich in der Verfolgung von Absichten ausdrücken, die wir alle seit Anbeginn unseres Seins tief in uns verankert tragen. Wesenszüge sind besonders mächtig und selbst bei im Bewusstsein hoch entwickelten Persönlichkeiten können diese noch zum Vorschein kommen. Diese lauten:

- Die Absicht, zu herrschen und zu kontrollieren
- Die Absicht, Macht auszuüben
- Meine Interessen stehen über den Interessen der anderen

Über das Bewusstsein der Einheit und unserer Schöpfermacht erfolgt die logische Umkehr.

Partnerschaft:

Der Mensch ist ein soziales Wesen und darauf ausgelegt, in Partnerschaft zu leben. Wir sind darauf ausgelegt, weil es in dieser engen Beziehung sehr viele Möglichkeiten gibt, um voneinander und miteinander zu lernen. Wenn man die heutigen Partnerschaften genauer betrachtet, so ist festzustellen, dass viele dieser Beziehungen von großen Spannungen geprägt sind und laufend Beziehungen auseinandergehen. Die Scheidungsrate ist so hoch wie noch nie. Die Hintergründe dafür sind die gegenseitigen Erwartungshaltungen. Wenn man jemanden fragt, was er sich von der Beziehung mit seinem Partner erwartet, dann wird die Liste meistens lang. Häufig steht die Treue an erster Stelle. Es wird überwiegend erwartet, dass der Partner Sex nur innerhalb der Partnerschaft praktiziert und auch möglichst keine Freundschaften mit dem anderen Geschlecht hat. Viele Leser werden sagen, „ja, das versteht sich ja von selbst!" Dabei wird aber vergessen, dass die wahre Liebe eben keine Bedingungen kennt, und dass jeder ein absolut freies Wesen ist und einen freien Willen hat. Daher spricht man ja auch davon, dass sich eine Partnerschaft jede Sekunde durch freie Willensbekundung immer wieder erneuert, weil es eben ein frei gewählter Zustand ist, der durch Liebe aus tiefstem Herzen entsteht. Sperrt man jemand in ein Gefängnis, so wird derjenige ständig versuchen, aus diesem auszubrechen. Lässt man jemandem die absolute Freiheit, so wird er seinem Herzen folgen und aus Liebe hier bleiben.

Die Ursache für die vielen Probleme auf diesem Sektor sind die folgenden:

- Mein Partner gehört mir alleine
- Mein Partner darf nur mit mir Sex haben
- Mein Partner hat kein Recht auf Freiheit

Wie viele Streitigkeiten hat es aus diesen Gründen bereits gegeben? Wie viel Gewalttaten wurden deshalb verübt und wie viele Kriege geführt? Unvorstellbar viele und nur aufgrund von

Besitzdenken und der Einschränkung des freien Willens. Gemäß dem Grundprinzip innen wie außen entstehen zwangsläufig Situationen, die Grund zur Annahme geben, dass der Partner möglicherweise in Versuchung geraten könnte, fremd zu gehen, und schon gehen die Eifersuchtsdramen los. Nur weil das Bewusstsein ein Fremdgehen tolerieren würde, bedeutet dies noch lange nicht, dass dies auch tatsächlich geschieht. Fakt ist, dass die Wahrscheinlichkeit dafür mit den einschränkenden Glaubenssätzen tausendfach höher ist als ohne.

Ein nicht wenig häufig auftretender Streitpunkt ist die Versorgung der Familie. Es wird oftmals erwartet, dass einer die Hauptlast trägt und das nötige Geld nach Hause bringt. Diese Last hindert jedoch denjenigen, sich selbst völlig frei und ungehindert zu entfalten und seinen Seelenplan zu leben. Dies mag eine gewisse Zeit gut gehen, aber irgendwann wird sich die Seele melden und immer lauter auf Erfüllung des Planes drängen. Die Person kommt in Bedrängnis und beginnt gegen sich selbst zu kämpfen, was zu Substanzverlust und zu Spannungen innerhalb der Partnerschaft führt. Der Druck steigt und unzählige Familien sind bereits daran zerbrochen. Die Ursache sind die Überzeugungen:

- Das Leben ist schwer
- Mein Partner muss für mich sorgen

Letzterer steckt auch in den Männern, die bereits ihre Familie entsprechend versorgen, denn die unbewusste Erwartungshaltung beruht auf Gegenseitigkeit! Diese Muster führen dazu, dass derjenige schnell überlastet ist und dies wirkt sich negativ auf die Partnerschaft aus. Sowie die Last von den Schultern desjenigen genommen wird, hat er die Freiheit, sich voll und ganz zu entfalten und dabei gestaltet sich wie von Zauberhand auch die finanzielle Lage für die Familie ganz von alleine für alle passend. Auch wenn es die Grundprägung in uns nicht vorsieht, so könnte es bereits passiert sein, dass derjenige, der die Last einige Zeit getragen hat, diesen oder einen ähnlichen Glaubenssatz gebildet hat „ich muss für meine

Familie sorgen“ und sich dadurch selbst wieder unter Druck setzt. Also wäre es auch dienlich, dies zu prüfen und gegebenenfalls zu transformieren. Die entsprechenden Gegenpole haben wir bereits zuvor im System verankert.

In Beziehungen gibt es immer wieder Gründe für Unstimmigkeiten, die auf die verschiedensten Glaubensmuster zurückzuführen sind. Diese sind aber nicht Bestandteil unserer Grundprägung und daher individuell gebildet worden und genau so individuell müssen sie betrachtet, identifiziert und gelöst werden. Darauf komme ich etwas später zurück.

<u>Ausgleich männlich/weiblich</u>:

Unsere Welt ist männlich dominiert. Damit ist nicht nur gemeint, dass die Anzahl der Männer in Führungspositionen in Politik und Wirtschaft weitaus höher ist als der Anteil der Frauen, sondern es geht dabei um die männlichen und weiblichen Anteile in uns. Jeder von uns trägt beide Teile in sich, doch gelebt wird überwiegend der männliche Anteil. Dieser ist dem Verstand und somit der linken Gehirnhälfte zugeordnet, der weibliche dem Gefühl bzw. der Intuition und der rechten Gehirnhälfte. Die Überbetonung des Männlichen in uns zeigt sich in nahezu allen Lebensbereichen. Der Mann ist das Familienoberhaupt, die Wissenschaft will alles logisch erklären und akzeptiert die Existenz von etwas erst, wenn logisch nachvollziehbar bewiesen ist, dass es existiert. Selbst wenn etwas aus unerklärlichen Gründen funktioniert, wird es nicht anerkannt, weil man ja nicht weiß, warum es funktioniert. In Wirtschaft und Politik werden nur harte Fakten als Entscheidungsgrundlage herangezogen, auf Gefühle und sogenannte Softfacts wird wenig Rücksicht genommen. Die Herzlosigkeit unserer Welt ist genau darauf zurückzuführen.

Unsere weibliche Seite fühlt und nimmt auf allen Sinneskanälen wahr, was um uns herum existiert, wie sich andere fühlen und was sich den physischen Augen verbirgt und einer logischen Erklärung entzieht. Es werden alle Wahrnehmungen zugelassen, ohne diese in Frage zu stellen. Die intuitive

Wahrnehmung ist der Schlüssel zu den höheren Ebenen. Der Verstand hingegen kann z.B. die Existenz von höheren Ebenen nicht erklären und beweisen. So kann er ihre Existenz auch nicht annehmen. Menschen, die ihre weibliche Seite leben, sprechen oft von Gefühlen, die sie wahrnehmen, aber nicht erklären können und häufig schließen sie daraus auf Umstände, die sich bald darauf als wahr herauskristallisieren. Die männlich dominierten Menschen lassen diese Art der Wahrnehmung nicht zu und bezeichnen Menschen, die ihre Intuition äußern und ihr folgen, als schwach. Das Herz ist das Zentrum der Weiblichkeit in uns. Das Buch wäre ohne die weibliche Form der Wahrnehmung nicht möglich gewesen. Ein Beweis für die Wirksamkeit der aktiven Bewusstseins-Programmierung kann nur erbracht werden, indem man die Erkenntnisse einfach anwendet und sich am unmittelbar spürbaren Erfolg erfreut.

Wenn die Politiker und Wirtschaftsbosse ihre Weiblichkeit zulassen und einen Ausgleich dieser beiden in uns wohnenden Kräfte anstreben, dann gelangen sie zu anderen Entscheidungsgrundlagen und so zu anderen Ergebnissen. Das Ziel ist, die Ausgewogenheit zwischen Verstand und Herz herbeizuführen und erst dann Entscheidungen zu treffen und umzusetzen, wenn beide Teile damit einverstanden sind. Wir müssen lernen, auf die Intelligenz des Herzens zu hören! Die wesentlichen Ursachen dafür, dass wir dies zumeist nicht tun, sind diese Programme in uns:

- Nur der logische Verstand kennt die Lösung bzw. die Wahrheit
- Gefühle und Emotionen sind ein Zeichen von Schwäche
- Eine Frau ist weniger wert als ein Mann

Den Ausgleich schaffen wir wieder über das Bewusstsein der Einheit und über die Gleichwertigkeit zwischen männlich und weiblich.

Neuer Glaubenssatz: Mann und Frau bzw. männlich und weiblich sind gleich viel wert.

Gefühl: Ausgeglichenheit; **Emotion**: Allmächtige Schöpfermacht

<u>Sexualität, Empfängnis</u>:

Die männliche Dominanz zeigt sich auch auf der Ebene der Sexualität. Die Überbetonung des Körperlichen führt zu Gewalt und Missbrauch. Selbst die Existenz der Prostitution ist darauf zurückzuführen. Dabei ist die Sexualität etwas sehr Weibliches! Wenn die Menschheit das körperliche an der Sexualität in seiner Bedeutung zurücknimmt und die sinnliche und übersinnliche weibliche Form der Sexualität in den Vordergrund bringt, dann wird die Sexualität auf ein viel höheres Niveau gehoben und eine deutlich intensivierte ekstatische Wahrnehmung ermöglichen. Durch die Verlagerung der Sexualität auf die Ebene unseres höheren Selbst – durch die Einbindung der Seele ist eine viel intensivere Form der Wahrnehmung möglich – so intensiv und erfüllend kann dies auf der körperlichen Ebene alleine niemals sein. Um dieses Experimentierfeld überhaupt eröffnen zu können, muss zuvor der Ausgleich zwischen männlich und weiblich herbeigeführt und die unterdrückte Sexualität grundsätzlich befreit werden, indem man die alten Prägungen erlöst:

- Sex ist schmutzig und verachtenswert
- Sex ist Liebe
- Sex bedeutet Macht

Dadurch reduzieren sich oder verschwinden auch die unterbewusst wahrgenommenen Gefühle von Scham, Unterdrückung, Ohnmacht und Selbsthass.

Mit der Umprogrammierung wird der Grundstein für eine völlig neue Form der Sexualität gelegt und es werden ungeahnte Wahrnehmungen auf allen Ebenen unseres Seins ermöglicht. Das vollste beiderseitige Einverständnis vorausgesetzt, sind dem liebevollen Experimentieren hiermit keine Grenzen mehr gesetzt! Die Bedeutung der Sexualität ist dadurch grundsätzlich verändert, denn aus der Seelenperspektive bedeutet Sexualität zu leben, jede Form von Liebe zu geben und jemandem dazu zu verhelfen, Liebe zu empfinden. Es ist eine höhere Form von Sexualität. Diese Form von Sexualität ist der höchste Ausdruck von Liebe, es gibt keine schönere Form, der Liebe Ausdruck zu verleihen. Um diese zu ermöglichen, ist folgende Konditionierung äußerst dienlich:

Neuer Glaubenssatz: Sexualität liegt in der Natur des Menschen und wird auf allen Ebenen des Seins gelebt.
Gefühl: Liebe; **Emotion**: Allmächtige Schöpfermacht

Seien Sie mutig, experimentieren und bereichern Sie Ihr Sexualleben durch ungeahnte Gefühlswahrnehmungen.

An dieser Stelle passend noch ein Wort zur Verhütung. Die meisten Menschen glauben, dass man eine Schwangerschaft nur durch entsprechende Verhütungsmethoden verhindern kann. Die Industrie ist hier ja sehr erfinderisch und es werden die unterschiedlichsten Methoden angeboten. Ob eine Empfängnis passiert oder nicht, scheint dem Zufallsprinzip zu unterliegen, doch dem ist ganz und gar nicht so. Den Zufall gibt es nicht, denn alles hat seine Bestimmung. Nichts passiert aufgrund einer Laune der Natur einfach nur so. Jedes Leben hat einen Plan, in Ihrem Seelenplan ist festgelegt, ob und innerhalb welchen Zeitraums Sie Kinder bekommen. Diesen Plan haben Sie selbst erstellt und den Auftrag erteilt, dass dieser auch umgesetzt wird. Wenn dieser Plan erfüllt ist, werden Sie auch keine weiteren bzw. gegebenenfalls überhaupt gar keine Kinder bekommen, außer der Plan sieht die Option dafür vor und es obliegt Ihrer freien Wahl, über den Seelenplan hinaus Kinder zu zeugen. Es obliegt aber auch Ihrer freien Wahl, diesen Plan nicht zu erfüllen und kinderlos zu bleiben. Die Empfängnis muss aber nicht dem Zufall überlassen werden, denn Sie haben die Möglichkeit, den Zeitpunkt selbst zu wählen und die Seele bewusst einzuladen, in Ihr Leben zu treten. Es ist sogar möglich zu bestimmen, welche Seele in Ihr Leben kommt. Dies erfordert den Kontakt zu der Seele, die darauf wartet, geboren zu werden, um eine entsprechende Vereinbarung zu treffen oder auch nicht. Je bewusster Sie als Schöpfer agieren, umso weniger wird der Zufall, den es ja bekanntlich nicht gibt, Ihr Leben bestimmen. Der Hintergrund der Zufallsempfängnis ist der Glaubenssatz:

- Ich habe keine Macht über mein Leben

Das Bewusstsein ein Schöpfergott zu sein, und sich auch entsprechend in allen Lebenslagen so zu verhalten, schaltet den Zufall aus. Je mehr Sie sich als Schöpfer präsentieren, umso weniger werden sich Ihre geistigen Begleiter und Ihre negativ belasteten Prägungen in Ihr Leben einmischen. Sie selbst haben die Macht zu bestimmen, ob und wann Sie ein Kind empfangen. Sie müssen diese Macht nur gebrauchen.

Kinder:

Wenn ein Kind geboren wird, ist dies Anlass zu größter Freude und ein Grund zu feiern. Kinder zu bekommen ist das große Ziel vieler Paare, doch was ist der eigentliche Grund, dass viele dies so vehement betreiben und mit aller Kraft dieses Ziel erreichen möchten? Wenn man angehende Eltern danach fragt, werden vordergründig verschiedenste Motive genannt und diese mögen auch alle zutreffend sein, doch zumeist ist die im Hintergrund treibende Kraft die Annahme, mit diesem Kind Liebe in ihr Leben zu bringen. Menschen, die ein Kind gebären möchten, sehnen sich nach Liebe und glauben, dass sie nicht genug Liebe in ihrem Leben bekommen. Der Antrieb ist eine innere Leere, ein Mangel in Verbindung mit einem Ohnmachtsgefühl, der sich in diesem Glaubenssatz ausdrückt:

- Nur Kinder sind reine Liebe

Dies erklärt, warum viele Paare, bei denen es Komplikationen bei der Fruchtbarkeit gibt, alle Möglichkeiten, von der Hormonbehandlung bis hin zur künstlichen Befruchtung, ausschöpfen, um schwanger zu werden. Die Schlussfolgerung aus diesem Glaubenssatz ist eine weitere tief in uns verankerte Überzeugung:

- Die Menschheit ist böse

Eine äußerst verwunderliche uralte Prägung, die mit einem gegen sich selbst gerichteten Hassgefühl einhergeht. Die entsprechende neue Prägung als Ersatz für den ersten Glaubenssatz, „ich bin die Liebe selbst“, haben wir ja bereits an früherer Stelle im Bewusstseinsfeld verankert. Es ist jedoch dringend erforderlich, den zweiten Glaubenssatz zu ersetzen.

Neuer Glaubenssatz: Jeder Mensch/jede menschliche Seele ist ein Teil von Gott.
Gefühl: Liebe; **Emotion**: Allumfassende, bedingungslose Liebe

Wer diese göttliche Programmierung in sich trägt, wird von diesem Zeitpunkt an allen Menschen anders gegenübertreten und alle Taten und Ereignisse aus einem veränderten Blickwinkel betrachten. Ebenso wird sich auch die Art und Weise verändern, wie Kinder gesehen werden, was wiederum Auswirkungen auf die Beweggründe, Kinder in die Welt zu setzen, haben wird. Dies wird nicht bedeuten, dass dadurch keine Kinder mehr geboren werden, sondern dass diese unter völlig veränderten Bedingungen und von einer großen Last befreit zur Welt kommen und in einer reinen, unbelasteten Atmosphäre der Liebe in Empfang genommen werden können.

Paare, die Schwierigkeiten haben, ein Kind zu empfangen, sollten prüfen, ob sie diese Glaubenssätze in sich tragen.

- Eine Frau, die keine Kinder geboren hat, ist nichts wert.
- Ein Mann, der keine Kinder gezeugt hat, ist nichts wert.

Kinder bereiten zwar viel Freude, aber mit den Jahren auch immer mehr Sorgen. Je größer sie werden, umso stärker treten neue Fragen und Probleme in den Vordergrund. Welche Schule soll mein Kind besuchen, welche Ausbildungen absolvieren und auf welchen Beruf vorbereitet werden. Auch wenn es sich viele nicht sofort eingestehen würden, so gehen sie davon aus, dass die Art und Weise, wie ihr eigenes Leben bisher verlaufen ist, als Maßstab für das Leben ihres Kindes nicht gut genug ist. Daraus ist eine interessante und weitreichende Überzeugung entstanden:

- Mein Kind muss es besser haben als ich

Dieses Vorhaben bedingt, dass man mit seinem eigenen Leben tief im Inneren nicht ganz zufrieden ist. Die Quelle ist erneut die Annahme, dass das Leben schwer ist. Eltern zwingen die Kinder daher zu lernen, drängen sie in höhere Schulen und Studienlehrgänge, nur damit sie es einmal besser haben und machen ihnen dadurch trotz bester Absichten das Leben zur Hölle.

Wer sich auf Liebe in dieser Form selbst programmiert hat, erkennt in allem Leben die göttliche Liebe und die Vollkommenheit.

Neuer Glaubenssatz: Jedes Kind ist ein freier Schöpfergott.
Gefühl: Liebe; **Emotion**: Allumfassende, bedingungslose Liebe

Neuer Glaubenssatz: Jeder Mensch ist ein freier Schöpfergott.
Gefühl: Liebe; **Emotion**: Allumfassende, bedingungslose Liebe

Neuer Glaubenssatz: Zu leben bedeutet zu lieben, und zu lieben bedeutet zu leben.
Gefühl: Liebe; **Emotion**: Allumfassende, bedingungslose Liebe

Aber auch ganz andere alltägliche Situationen stören die Harmonie und die Liebe in den Familien. Streitigkeiten über das Aufräumen des Kinderzimmers, der Mithilfe der Kinder im Haushalt, die Erledigung der aus der Schule mitgebrachten Hausaufgaben sowie das selbständige Ausführen alltäglicher Dinge gehören oft zur Tagesordnung. Dabei handelt es sich um individuelle Überzeugungen der Eltern, die durch das Verhalten der Kinder gespiegelt werden. Letztlich sind es mit negativen Gefühlen und Emotionen behaftete Erwartungshaltungen, die auf die Kinder projiziert werden. Nachdem wir das Spiegelgesetz ja bereits gut kennen, wissen wir, dass den Kindern gar keine andere Wahl bleibt, als den Eltern ihre Programme jeden Tag aufs Neue vor Augen zu führen, indem sie diese Erwartungen unter allen Bedingungen nicht erfüllen. Eltern von Teenagern können ein Lied davon singen. Nicht umsonst wurde der Ausdruck „Terror-Teenies" geboren. Ich empfehle Ihnen, sich Ihre Erwartungshaltungen genau anzusehen, die damit in Verbindung stehenden Gefühle und Emotionen wahrzunehmen und alles zu transformieren. Ich kann Ihnen aus eigener Erfahrung berichten, wie befreiend es ist, diese Last nicht mehr in sich zu tragen und dadurch die Kinder völlig ohne Druck an ihre Eigenverantwortung heranführen zu können. Dies bedeutet nicht sofort, dass die Kinder dies alles freiwillig tun, aber die Bereitschaft ist deutlich höher und der Druck und die mit den Überzeugungen abgespeicherten niedrig schwingenden Emotionen fallen weg. Somit ist die Grundlage für Zank in jeglicher Form gewichen und ein erwartungsfreies Lernen mit dem nötigen gegenseitigen Respekt wird möglich.

Schule:

Das Ausbildungssystem, das wir Schule nennen, zielt in erster Linie darauf ab, die Kinder für das bevorstehende Berufsleben vorzubereiten. Ihnen wird eine standardisierte Grundausbildung verabreicht und schon sehr bald werden sie in höhere Schulen mit einer Spezialisierung geschickt, damit sie dem Wirtschaftssystem dienlich sind und dort Erfolg haben können. Hinter dieser auf den ersten Blick redlichen Absicht versteckt sich jedoch, dass die Kinder dazu herangezüchtet werden, um möglichst gut vorbereitet ins Hamsterrad einsteigen und dem Wirtschaftssystem von Vorteil sein können. Die eigentlichen Interessen der Kinder werden dabei vielfach missachtet und unterdrückt.

Dieser Umstand ist darauf zurückzuführen, dass wir ein völlig falsches Bild von unseren Kindern haben. Indem wir die Kinder je nach Alter in die gleichen Schubladen stecken und ihrem Alter gemäß versuchen, ihnen Wissen einzutrichtern, hindern wir sie, ihre eigentliche Lebensaufgabe zu erfüllen. Wir stülpen ihnen unser Lebenskonzept über und zwingen ihnen unsere Überzeugungen auf, um sie für diese Art der Gesellschaft passend zu machen. Die eigentliche Aufgabe der Kinder und der Grund, warum sie entschieden haben, in dieser Welt zu inkarnieren, ist die, alternative Sichtweisen mitzubringen und als Rebell zu fungieren, damit wir die Fehler im System erkennen und grundlegende Korrekturen vorgenommen werden können. Deshalb sind sie hier und nur deshalb!

Dass die Mächtigen dieser Erde dies verhindern möchten, liegt auf der Hand und erklärt auch, warum wir alle mit diesen Wesenszügen und Überzeugungen programmiert wurden:

- Die Absicht, den freien Geist der Kinder zu manipulieren
- Kinder sind Untergebene
- Kinder müssen etwas lernen, um sich im Leben zurechtzufinden

Die beiden erstgenannten Programme sind auch der Grund für den so häufig auftretenden Missbrauch von Kindern.

Wie oft werden Kinder als freche Quälgeister wahrgenommen, die in der Schule nicht aufpassen und ihre Hausübungen nicht machen möchten. Warum wird das wohl so sein? Weil wir es von ihnen erwarten und diese Erwartungshaltung mit sehr niedrig schwingenden Gefühlen und Emotionen verbunden ist, die in uns hochkommen, wenn die Kinder unsere Erwartungen nicht erfüllen. Dadurch wird oftmals lautstark diskutiert und die Kinder haben aus verständlichen Gründen immer weniger Lust, die Schule zu besuchen. Wir müssen uns von allen Vorstellungen, wie unsere Kinder ihr Leben bestreiten sollen, vollständig verabschieden und sie als absolut freie und eigenständige Wesen betrachten. Sie sind alte Seelen mit klaren Vorstellungen in einem in Entwicklung befindlichen Körper und sie werden sich solange gegen uns auflehnen und uns mit aller Kraft aufzeigen, welche Erwartungshaltungen wir in uns tragen, bis wir diese erkannt und transformiert haben. Sobald wir ihre Fragen und alternativen Sichtweisen ernsthaft zulassen, auch wenn sie im Moment noch so utopisch und kindlich naiv klingen mögen, werden wir bald die Lösungen für alle Probleme auf der Erde zur Verfügung haben. Die Kinder bringen die Lösung für alle unsere Herausforderungen mit. Wir müssen nur lernen, auf sie zu hören! Die dafür erforderliche Programmierung liegt auf der Hand:

Neuer Glaubenssatz: Der freie Wille ist das höchste Gut.
Gefühl: Freiheit; **Emotion**: Allumfassende, bedingungslose Liebe

Ernährung:

Die Ernährung ist wohl der weltweit größte und wichtigste Bereich unseres Lebens, in dem auch größte Irrtümer vorherrschen. Gleich zu Beginn beleuchten wir die entscheidende Grundlage und begutachten, was wir mit unserer Nahrung zu uns nehmen. Ernährungswissenschaftler würden an dieser Stelle eine ewig lange Liste anführen, die bei den verschiedenen Formen von Eiweiß und Kohlehydrate beginnt, sich über lebenswichtige Vitamine fortsetzt und bei den kleinsten Spurenelementen irgendwann weit unten ein vorläufiges Ende findet. Unser Stoffwechsel ist so aufgebaut, dass er aus der festen Nahrung sich das herausnimmt, was der Körper für seine Vitalität benötigt, alles andere wird wieder ausgeschieden. Auf den kleinsten Nenner gebracht entnimmt unser Stoffwechsel unserer Nahrung das darin gespeicherte Licht.

Wir sind Lichtverwerter und nehmen dieses Licht auf, um es in Leben umzusetzen. Wenn Licht in unseren Körper kommt, wandeln unsere Zellen es in Energie um, um diese für ihre Existenz und ihre Aufgabe zu verwenden. Das Wesen Mensch besteht aus Licht und einem physischen Körper. Würde das Licht aus dem Körper entweichen, wäre der Körper nicht mehr lebensfähig. Der Lichtanteil ist unsere Seele, und wenn die Seele den Körper verlässt, dann stirbt dieser, unabhängig davon, wie gesund die Organe sind und wie viel unverdaute Nahrung sich noch im Magen befindet. Um einen gesunden und leistungsfähigen Körper zu haben, müssen wir so viel Licht wie möglich in uns aufnehmen. Das höchste Ziel ist, das Licht für immer in unserem Körper zu verankern und es weit über unsere körperlichen Grenzen hinaus erstrahlen zu lassen. Das Entscheidende ist, das göttliche Licht, das sich in uns befindet, über unser Sein auszudehnen, um mit so viel Licht versorgt zu sein, dass wir auf feste Nahrung nicht mehr angewiesen sind. Genau diese Fähigkeit unterscheidet uns vom Tier, erhebt uns über die Materie und macht uns zu einem Schöpfergott; doch dies gilt es erst zu entdecken.

Das Leben, das wir derzeit führen, hat als Ergebnis, dass die Mehrheit der Menschen mit diesem in uns wohnenden göttlichen Licht nicht so vertraut ist. Daher sind wir auf die Zufuhr von Licht über die Nahrung angewiesen. An dieser Stelle kommen wir wieder zurück zur Schwingung. Eine hohe Schwingungsfrequenz zu haben, bedeutet nichts anderes, als viel Licht in sich zu vereinen und dadurch auf weniger Nahrung angewiesen zu sein. Je niedriger jemand schwingt, umso mehr ist er auf laufend reichlich feste Nahrungszufuhr angewiesen. Indem wir diese Transformationen im Bewusstsein durchführen, steigt unsere Schwingung und wir werden immer weniger von Nahrung abhängig. Sowie wir dies vollständig umgesetzt haben und die Liebe in uns zum Ausdruck bringen, erleben wir eine Verschmelzung unseres physischen Körpers mit unserem lichten Anteil, was dazu führt, dass wir nur noch Licht sind und Licht erneuert sich von selbst und für Nahrung gibt es keine unbedingte Notwendigkeit mehr. In der Dichte der 3D-Ebene und einer entsprechenden Schwingung ist feste Nahrung unumgänglich, um existieren zu können. In der Schwingungsfrequenz höherer Ebenen ist die Aufnahme von Nahrung zwar möglich, doch dient dies nur mehr dem Genuss und nicht mehr der Ernährung, diese erfolgt über das sich selbst erneuernde göttliche Licht in uns. Das Ziel ist demnach, diesen Bewusstseinszustand und die hohe Schwingungsebene zu erreichen.

Haben Sie sich schon gefragt, was es für Sie bedeuten würde, wenn Sie nicht mehr darauf angewiesen wären, täglich mehrmals zu essen? Wie es wäre, wenn es kein Hungergefühl mehr gäbe? Alles möglich ist, aber nichts mehr zwingend notwendig? Ein interessanter Gedankengang, der sich lohnt, weiter verfolgt zu werden. Der Film „Am Anfang war das Licht“ könnte Sie entsprechend inspirieren.

Bei dieser Gelegenheit ist es wichtig, das Verhältnis der Menschen zu den Tieren anzusprechen. Mich erschaudert es jedes Mal, wenn ich beobachte, auf welche Art Tiere gezüchtet, gehalten, gemästet, transportiert, geschlachtet und verarbeitet werden, bis deren Fleisch auf unseren Tellern landet und unserem Körper zur Verwertung zugemutet wird. Nachdem die Liebe die höchste Schwingung ist – die göttliche Essenz, reinstes Licht – was glauben Sie angesichts der Lieblosigkeit, wie der Prozess abläuft, bis das Fleisch auf unseren Tellern liegt, wie viel Licht darin enthalten ist? Den verachtenden Umgang mit den Tieren hat dieser uralte Glaubenssatz ermöglicht:

- Die Tiere haben keinen Wert

Selbst Tierschützer tragen diese Programmierung noch in sich, auch wenn diese gut mit alternativen Programmen überdeckt wurden; die Transformation lohnt sich selbst für Vegetarier und Veganer. Dass wir Menschen ein Experiment sind, das wir selbst gewollt haben, war mir schon länger gut bekannt, aber die Prägung, die an dieser Stelle an die Oberfläche gekommen ist, hat mich wieder einmal erstaunen lassen. In uns abgelegt ist eine erschütternde Überzeugung, die nicht nur unsere Ernährungsgewohnheiten beeinflusst, sondern auch als Quelle vieler psychischer Krankheiten genau wiederzuerkennen ist:

- Mein Leben hat keinen Wert

Als ob dies noch nicht genug wäre, ist dieser Glaubenssatz auch noch mit einem ausgeprägten, gegen sich selbst gerichteten Hass verbunden. Kein Glaubenssatz je zuvor hat bei seiner Transformation in mir eine so heftige Reaktion ausgelöst, wie dieser. Erfreulicherweise haben wir das Bewusstsein, die Liebe selbst zu sein, bereits verankert. Ein weiterer wesentlicher Schritt, um aus der Abhängigkeit von fester Nahrung befreit zu werden, ist dieser Satz:

- Ich muss meinem Körper materielle Nahrung und Wasser zuführen, um in der Materie existieren zu können.

Erst durch das entsprechende Bewusstsein können wir zu Lichtverwertern werden:

Neuer Glaubenssatz: Das göttliche Licht ist die Nahrung, die mein Körper braucht, um mit allem versorgt zu sein.
Gefühl: Liebe; **Emotion**: Allumfassende, bedingungslose Liebe

Wenn sie jetzt vorhaben, unmittelbar nach dieser Transformationsarbeit auf Lichtnahrung umzustellen, so möchte ich eindringlich davor warnen, denn dazu bedarf es einer guten mentalen und körperlichen Vorbereitung und der Abstimmung mit Ihrer Seele! In diesem Zusammenhang ist wichtig, die Rolle der Pflanzen anzusprechen, denn diese haben sich dazu bereit erklärt, uns auf unserem Weg ins Licht zu unterstützen. Sie beinhalten im Gegensatz zum Fleisch einen sehr hohen Lichtanteil, den wir dringend benötigen, um unsere Körper möglichst hoch schwingen zu lassen und dadurch so viel Licht wie möglich halten zu können. Je höher Ihr Bewusstsein ist, umso weniger werden Sie tierische Produkte konsumieren und umso mehr Bedeutung erlangen die Pflanzen auf Ihrem Speiseplan. Steigen Sie am besten gleich jetzt um und entdecken Sie die köstliche Vielfalt, die das Pflanzenreich für Sie bereithält. Je regionaler, natürlicher und vielfältiger Ihre pflanzliche Ernährung ist, umso wertvoller und lichtvoller ernähren Sie Ihren Körper.

Energie / Technologie:

Ein besonders interessanter Aspekt unseres Seins ist der, dass wir unsere Energie aus Energieträgern gewinnen, von denen wir wissen, dass sie der Umwelt und uns selbst großen Schaden zufügen. Wir wissen, dass die Gewinnung von Erdöl und Erdgas mittlerweile sehr aufwändig geworden ist und bei Förderung und Transport große Risiken eingegangen werden und Unfälle auf Ölbohrplattformen oder Supertankern jederzeit wiederkehren und ganze Ökosysteme unwiederbringlich zerstören können. Wir beziehen Strom aus Atomkraftwerken, obwohl wir spätestens seit den beiden großen Katastrophen von Tschernobyl und Fukushima über die damit verbundenen Gefahren bestens Bescheid wissen. Wir lassen zu, dass Wärme und Strom durch die Verbrennung von Kohle gewonnen werden, für die ganze Landschaften mit gigantischen Maschinen abgetragen werden, von den Abgasen bei der Verbrennung ganz zu schweigen. Wir akzeptieren, dass unzählige riesige Windräder ganze Landschaftsbilder verändern und bezeichnen diese Art der Energiegewinnung als ökologisch.

Es ist technisch und umweltverträglich möglich, Fahrzeuge mit Wasser zu betreiben und die Energie, die wir für unser komfortables Leben brauchen, dort zu gewinnen, wo sie verbraucht wird. Es ist möglich, jeden Haushalt und jede industrielle Anlage völlig autonom mit vor Ort gewonnenem Strom zu versorgen, anstatt über Tausende von Kilometer gigantische Leitungen zu verlegen. Die Energiekonzerne unterbinden diese Bestrebungen jedoch, da dies ihre Marktmacht und die Abhängigkeit der Verbraucher reduzieren würde. Ihre Lobby ist so mächtig, dass sie selbst die Regierungen kontrollieren.

In der Industrie verwenden wir Technologien und Produktionsverfahren, die katastrophale Auswirkungen auf die Umwelt haben. Wir fertigen massenhaft sinnlose und unnötige Produkte, um damit Geld zu verdienen und kaum jemand hinterfragt die Beweggründe, sondern alles wird als gegeben hingenommen. Was ist die Ursache dafür, dass wir nicht geschlossen an die Mächtigen dieser Erde herantreten, um ihnen eindeutig klarzumachen, dass wir dies nicht länger dulden und mit Nachdruck absolut alle Anstrengungen unternommen werden müssen, sofort umweltverträgliche Alternativen zu entwickeln bzw. bestehende Lösungen nicht länger hinter Patenten und in Schubladen zu verstecken, sondern diese auch sofort anzuwenden. Die Ursache für unsere Zurückhaltung finden wir in unseren Glaubensmustern:

- Ich bin vom System abhängig
- Ich bin gegen das System machtlos

Diese spiegeln tagtäglich unsere programmierte Machtlosigkeit, Abhängigkeit und Ohnmacht wider. Es ist höchste Zeit, dass die Menschen beginnen, eine Einheit zu bilden und als Einheit entschieden auftreten. Wenn alle zusammenwirken, ist jede Änderung sofort durchsetzbar. Die passende Umpolung haben wir mit dem Bewusstsein, dass alles Eins ist und wir völlig freie und ungebundene Schöpfergötter sind, bereits integriert.

Der Mensch als Wirtschaftsfaktor:

Seit es Menschen gibt, werden diese ausgebeutet. Immer schon wurden Menschen missbraucht, um das Wohlergehen der Elite zu ermöglichen und zu erhalten bzw. weiter auszubauen. Wir alle waren und sind davon betroffen, in unzähligen Inkarnationen haben wir diese Erfahrung gemacht. Wie lange wurden Sklaven gehalten und verkauft? Sie glauben, dass dies schon lange her ist? Weit gefehlt, denn bis heute findet Menschenhandel statt und Menschen werden unverändert ausgebeutet. Sie glauben, dass dies in Ihrem Umfeld nicht mehr stattfindet? Denken Sie doch nochmals genau darüber nach – vielleicht erkennen sie sogleich, dass Sie möglicherweise selbst davon betroffen sind und merken es gar nicht mehr, weil man Ihnen erklärt hat, dass es normal ist, einen Job machen müssen, um Geld zu verdienen und damit Ihr Leben zu finanzieren?

Das moderne Wirtschaftssystem baut auf der Ausbeutung der Massen auf und wenn man der Spur des Geldes und der wahren Macht über alles folgt, dann gelangt man zur Elite im Hintergrund, die bestimmt, was auf der Erde geschieht oder nicht geschieht. Ein Arbeitnehmer ist nichts anderes als ein moderner Sklave, der seine Zeit, Kreativität und Arbeitskraft gegen Geld tauscht, das er für sein Überleben braucht, und ohne es zu merken, dient er dem System und macht es immer noch mächtiger. Wie kann es sein, dass dies seit ewigen Zeiten von der breiten Masse geduldet wird, wo das Kollektiv doch alle Macht hätte, wenn die Menschheit geeint aufträte? Warum dulden wir, dass man uns manipuliert, hypnotisiert und im Halbschlaf hält und was brauchen wir, um alles, was nicht aus der Liebe kommt, einfach nicht mehr zu akzeptieren? Ermöglicht wurde all dies, weil unser Selbstwert grundlegend klein gehalten wurde:

- Ich bin es nicht wert, ein freier Mensch zu sein

Eine Prägung, die so alt ist, wie die Menschheit selbst. Der Gegenpol, der uns zusammenarbeiten und uns geeint für unsere Freiheit auftreten lässt, ist wieder das Bewusstsein der Einheit, die Schöpfermacht und die Freiheit.

Sicherheitskräfte:

Haben Sie sich jemals gefragt, warum jedes Land abertausende von Sicherheitskräften beschäftigt? Warum es Militär, Polizei, Geheimdienste, Doppelnull-Agenten, Sondereinsatztruppen und vieles mehr überhaupt gibt? Spätestens seit dem Terroranschlag auf das World Trade Center in New York City vom 11. September 2001 ist der Krieg gegen den Terror bzw. der Kampf gegen das Böse in aller Munde und ganz besonders Politiker und führende Sicherheitskräfte schüren die Angst vor dem großen unbekannten Feind. Die Vorfälle sind erschütternd und viele schütteln den Kopf, wie so etwas überhaupt möglich ist. Über die wahren Hintergründe wird längst heftig spekuliert bzw. sehen viele es als erwiesen an, dass alles eine bewusste

Manipulation war. Noch viel mehr Leid und Zerstörung hingegen haben die im Anschluss an 9/11 geführten Kriege gegen den Terror der Welt gebracht.

Man bekämpft also einen unsichtbaren Feind und alle Länder investieren einen bedeutenden Prozentsatz ihres Jahresbudgets in die Verteidigungs- und Sicherheitspolitik. Doch wozu das Ganze? Der Feind ist doch längst identifiziert? Der Feind ist nicht ein einzelner Mensch oder eine Gruppierung, sondern das System selbst! Das Einzige, das die Sicherheit und das Wohlergehen der Menschen bedroht, ist das weltweite System, das von Wenigen im Hintergrund agierenden dirigiert und über Geld und Gewalt gesteuert wird. Doch wie konnte die Verblendung über einen so langen Zeitraum bis heute aufrecht erhalten werden? Wie war es möglich, dass kaum jemand durchschaut hat, was hier wirklich abläuft und die Massen nicht schon längst eine grundlegende Änderung durchgesetzt haben? Das einprogrammierte Gefühl der Machtlosigkeit in Verbindung mit der Emotion der Ohnmacht ist hier erneut die Ursache und die Schöpfermacht des bereits bekannten Gegenpols.

Die Hoffnungslosigkeit vieler drückt sich immer mehr auch in Form von gewalttätiger Rebellion und Terrorismus aus. Es versteht sich von selbst, dass diese Wege die falschen sind. Aus der Weisheit und der Einheit heraus geborene Konzepte sind die einzig zielführenden Wege zu einer Welt, in der überall Frieden und Wohlstand herrschen. So wie die kritische Masse der Menschheit ihre Programmierung neu ausgerichtet hat, werden wir in der Lage sein, diese Welt in allen Bereichen unverzüglich grundlegend zu verändern! So wie das Bewusstsein der Menschheit in den entscheidenden Bereichen transformiert wurde und wir als Einheit auftreten, werden sämtliche Sicherheitskräfte überflüssig. Wie immer beginnt der Wandel bei Jedem von uns.

Kriegerische Auseinandersetzungen:

Egal, wie weit man in die Geschichte der Menschheit zurückblickt, man stößt in jeder Epoche in allen Ecken der Welt auf zahlreiche kriegerische Auseinandersetzungen. Immer schon hat sich die Menschheit bekämpft und haben Völker gegeneinander Krieg geführt oder verschiedene Gruppierungen innerhalb einer Volksgruppe versucht, die andere zu unterwerfen oder zu vernichten. Wann wird das Blutvergießen jemals enden? Warum ist es immer wieder möglich, Gruppen von Menschen zu mobilisieren, die als Kampftruppe ausrücken, um andere anzugreifen? Allen Konflikten gehen Provokationen voraus – immer gibt es einen Anlass, um sich über etwas zu streiten. Bleiben beide Seiten auf ihren Standpunkten stehen und wird keine Lösung gefunden, mit der alle Parteien gut leben können, so eskaliert der Streit irgendwann. Wie man in den Geschichtsbüchern nachlesen kann, ist dies immer wieder der Fall gewesen und bis heute hat sich daran nicht viel geändert. Die Gründe, warum sich zwei oder mehrere streiten, gibt es viele und diejenigen, die gerne einen Konflikt heraufbeschwören möchten, sind mehr als erfinderisch im Schüren von Streitigkeiten. Das Leid trägt dann meist die Bevölkerung, doch wer sind die Gewinner? Wer profitiert von einer bewaffneten Auseinandersetzung? Bei genauerer Betrachtung sind schon wieder nur diejenigen die Gewinner, die im Hintergrund das System lenken. Wenn man dem Geld und der Macht folgt, endet die Suche jedes Mal genau dort.

Erneut stellt sich die Frage, wie es denn möglich ist, das Volk und die Streitkräfte so zu verblenden, dass sie dieses Spiel seit Jahrtausenden jedes Mal auf Neue mitspielen? Auch wenn es da und dort Stimmen gibt, die dem Einhalt gebieten möchten, gehen diese letztlich doch in der Masse unter. Der Grund dafür ist ein in uns veranlagter Wesenszug, der erneut unsere Machtlosigkeit untermauert:

- Ich habe kein Recht, mich gegen das System aufzulehnen

Um die Systemtreue abzulegen und Kriege für alle Zeit beenden zu können, müssen wir uns daran erinnern, wer wir sind, und uns unserer Schöpfermacht bewusst werden.

Militär, Polizei:

Die Menschen, die in Einheiten wie Militär oder Polizei wirken, richten ihre Aufmerksamkeit auf das Feindbild, das ihnen gegeben wurde. Sie halten ihre Augen stets auf den Feind gerichtet und erwarten, diesen in den Reihen ihresgleichen zu finden. Sie erwarten, dass andere Menschen ihnen und anderen etwas zuleide tun möchten. Wir sind jedoch schöpferische Wesen und solange wir in unseren Mitmenschen, in unseren Brüdern und Schwestern das Böse erwarten, wird sich dies auch immer wieder zeigen und es wird diese Annahme laufend bestätigt werden. Was sonst soll sich denn manifestieren? Wenn sich alle Sicherheitskräfte entsprechend umpolen und das Gute im Menschen suchen und nach der Liebe Ausschau halten, dann wird sich künftig auch nur noch die Liebe zeigen! Es zeigt sich immer das, was wir erwarten und solange wir Feindschaft erwarten, kann uns nur Feindschaft begegnen. Die Ausrichtung ist hier der Schlüssel zum Erfolg, doch solange die Sicherheitskräfte auf das Erkennen und Bekämpfen des Feindes trainiert werden, werden sich laufend Szenarios bilden, die das spiegeln, worauf wir ausgerichtet sind. Eines von unzähligen Beispielen ist der Erwerb einer Waffe. Warum kauft sich jemand eine Waffe? Wohl in der Regel aus Angst, bedroht zu werden. Die USA sind auch im privaten Sektor das am besten bewaffnete Volk der Erde und aus welchem Land glauben Sie, werden die meisten Schießereien und Amokläufe gemeldet? Warum wird das wohl so sein?

Mobilität:

Was sich in Sachen Straßenverkehr um die Ballungszentren an jedem Arbeitstag morgens und am späteren Nachmittag abspielt, grenzt bereits an Wahnsinn. Kilometerlange Blechlawinen wälzen sich im Schritttempo Richtung

Arbeitsstätte und wieder zurück nach Hause. Bei einem genaueren Blick in die Fahrzeuge ist festzustellen, dass überwiegend nur ein Einzelner im Fahrzeug sitzt. Welche Auswirkungen dies auf die Umwelt, unsere Atemluft und unsere Lebensqualität hat, lassen wir an dieser Stelle vorerst unkommentiert. Nachdem jeder völlig unabhängig sein will, ist das Bestreben, ein eigenes Fahrzeug zu besitzen, immens groß. Neben dem für das Ego so wichtige zur Schau stellen, was man nicht für ein tolles Auto hat, ist die Unabhängigkeit scheinbar das Wichtigste im Leben.

Ich möchte hier ein Beispiel aus meinem unmittelbaren Umfeld aufzeigen. Ich wohne in einer Reihenhaussiedlung, in der sich unmittelbar neben- und hintereinander zwölf gleiche Häuser befinden. Jedes Haus hat einen kleinen Garten und es gibt ebenso viele Rasenmäher wie Gärten und ebenso viele Gartenwerkzeuge, Schneeschaufeln, Besen, Mülltonnen Internetanschlüsse, Strom- und Wasserzähler, Heizkessel samt Brennstofflager, Elektroherde, Kühlschränke usw.. Jeder kocht nur für sich und seine Familie und die Bewohner dieser zwölf Häuser besitzen zusammen fünfundzwanzig Fahrzeuge und kaum jemand ist bereit, sein Auto mit seinen Nachbarn zu teilen. Erkennen Sie die Verschwendung von Ressourcen und das unglaubliche Einsparungspotential? Wenn die Gemeinschaft darauf ausgerichtet wäre, alle Herausforderungen des täglichen Lebens miteinander zu teilen, so wäre das Leben für alle sehr viel einfacher und kostengünstiger und vor allem von Nächstenliebe geprägt.

Indem jeder seine Individualität zum Ausdruck bringt und alles auf vollständige Unabhängigkeit ausgelegt ist, machen wir uns das Leben unnötig schwer, belasten die Umwelt und steigern die laufenden Kosten. Wenn wir beginnen, die Probleme und Bedürfnisse des Einzelnen auf die Gemeinschaft aufzuteilen, so wäre alles sehr viel einfacher. Alles alleine zu tun, das gibt uns zwar das Gefühl, stark zu sein und es zu schaffen, sehr oft begleitet uns dabei aber auch die Ohnmacht, denn diese steht mit dieser Grundprogrammierung in Verbindung:

- Ich muss das Leben alleine bestreiten

Auch dieses Programm hindert die Menschheit daran, als Einheit zu agieren und sich das Leben gemeinsam deutlich einfacher zu machen.

Sie haben vielleicht vernommen, dass zahlreiche Wohn- und Lebensgemeinschaften angedacht sind und sich viele Menschen wünschen, in so eine Gemeinschaft der Generationen einziehen zu können. Hier möchten Familien mit Senioren, Jugendliche und Alleinerziehende eine Gemeinschaft bilden und alle Bedürfnisse des täglichen Lebens gemeinsam bestreiten. So schön dieser Gedanke auch ist, der überwiegende Teil dieser Projekte ist bereits im Vorfeld an dem zuvor genannten Programm, das in uns allen abgelegt ist, gescheitert. Um einen vollständigen Paradigmenwechsel einzuleiten, bedarf es mehrerer neu geschriebener Programme. Das Bewusstsein der Einheit ist wieder einmal der Beginn des Neuen, dicht gefolgt vom Vertrauen in die göttliche Führung. Den Ausschlag gibt erst das Vertrauen in unsere Mitmenschen und die Bereitschaft, sich fallen zu lassen.

Neuer Glaubenssatz: Ich kann mich auf meine Mitmenschen verlassen.
Gefühl: Vertrauen; **Emotion**: Allumfassende, bedingungslose Liebe

Dieses Beispiel zeigt uns eindrücklich auf, wie alles untrennbar miteinander verwoben ist. Wir sind von der Mobilität und dem täglichen Verkehrswahn zu Lebensgemeinschaften gekommen und lösen mit einer kleinen Programmänderung gleich eine Vielzahl von Problemen. Wenn eine benachbarte Gruppe von Menschen diese Programme in ihrem Bewusstsein trägt, gehören Existenzängste der Vergangenheit an und sie werden den Himmel auf Erden erleben.

Zeit:

Die Zeit begleitet uns immer und überall hin, Uhren sind allgegenwärtig. Egal wo wir hinsehen, an und in öffentlichen Gebäuden, Kirchen, am Arbeitsplatz, am Computer und Mobiltelefon und der überwiegende Teil der Menschen trägt die Zeit in Form einer Armbanduhr ständig bei sich. Die Zeit wird aber nicht nur in Sekunden, Minuten und Stunden gemessen, sondern unser Kalender zeigt Tage, Wochen, Monate, Jahre, Jahrzehnte, Jahrhunderte, Jahrtausende und ganze Epochen. Die gesamte Geschichte wird auf einer Zeitlinie dargestellt und alles braucht eine Jahreszahl, um es dem Zeitstrahl zuordnen zu können. Überall wird die Zeit als Maßstab genommen, ob im sportlichen Wettkampf oder zum Messen der Arbeitsleistung und als Verrechnungsgröße in unzähligen Bereichen.

Wir sind Sklaven der Zeit und je mehr wir uns nach der Zeit richten, umso mehr vereinnahmt sie uns und hält uns gefangen. Der ständige Druck, den die Zeit auf uns ausübt, lässt uns hektisch durchs Leben gehen und den wahren Wert des Lebens übersehen. Der ständige Zeitdruck verhindert, dass wir innehalten und nur den Moment auf uns wirken lassen. Die Qualität des von der Zeit losgelösten Zustands im „Jetzt“ zu sein geht dadurch verloren. Kaum jemand hat noch Zeit, den Moment zu genießen und aus der Zeit auszusteigen, weil in der Zeit schon wieder Dinge auf uns warten und Druck ausüben. Die Zeit ist die Geißel der Menschheit und wir müssen danach trachten, aus der Zeit aussteigen zu können, um zurückzufinden zu den wahren Werten des Lebens. An dieser Stelle lade ich Sie ein, zu erkennen, was die Zeit mit uns und aus uns macht. Welche Macht sie über Sie hat und was Sie in Ihnen auslöst. Fühlen Sie jetzt, was die Zeit mit Ihnen macht und lassen Sie dies jetzt einen Moment auf sich wirken.

Fühlen Sie die Abhängigkeit? Fühlen Sie auch die Ohnmacht, die Sie in Ihnen hervorruft? Sie fühlen in diesem Moment diese Programme in Ihnen:

- Ich bin der Zeit ausgeliefert
- Ich habe keine Macht über die Zeit
- Die Zeit ist die bestimmende Größe meines Lebens

Was wäre aber, wenn wir die Zeit für uns einsetzen könnten, sie für unsere Zwecke zu nutzen, sie einfach anhalten oder Zeiträume dehnen zu können? Wäre dies nicht fantastisch? Doch was ist die Voraussetzung dafür, dass wir die Zeit für unsere Zwecke nutzen können?

Neuer Glaubenssatz: Ich bin ein Meister der Zeit.
Gefühl: Liebe; **Emotion**: Allumfassende, bedingungslose Liebe

Diese Programmierung ist die Grundlage für unser soeben neu geschaffenes Experimentierfeld, wie wir die Zeit so gestalten können, wie es uns gefällt. Wir sind schöpferische göttliche Wesen, was nichts anderes bedeutet, als dass alles gemäß unserem Willen geschieht und an dieser Stelle ist die Zeit diejenige, die das zu tun hat, was wir möchten. Zeit ist eine Energieform und mit unserem Geist können wir Energie beeinflussen, sie verändern, lenken und vieles mehr. Der in uns verankerte göttliche Wille ist nun bereits durch diese Transformation in diesem Bereich befreit und schöpferisch wirksam – beginnen Sie, mit der Zeit zu experimentieren!

<u>Unterhaltung</u>:

Einer der größten Wirtschaftszweige ist die Unterhaltungsindustrie. Es scheint so, als wären wir Menschen in erster Linie daran interessiert, uns die Zeit zu vertreiben, indem wir uns vor den Fernseher setzen, ins Kino gehen, Spielkonsolen zur Hand nehmen und uns stundenlang in virtuelle Welten verlieren. Bei vielen scheint es fast so, dass die Zeit, in der sie ihrer Arbeit nachgehen, lediglich eine Unterbrechung der Zeit ist, in der man sich die Zeit vertreibt. Wir sind wahre Weltmeister im „Zeittotschlagen“. Was für ein kräftiges, machtvolles Wort – fühlen Sie, was darin alles steckt?

Mich beschäftigt an dieser Stelle jedoch, was uns dazu veranlasst, einen so großen Teil unserer Lebensspanne ungenutzt verstreichen zu lassen. Sie mögen einwenden, dass Spaß zu haben ja durchaus erstrebenswert ist. Ich stimme Ihnen absolut zu, dass Spaß ein wichtiger Aspekt unseres Lebens sein soll, doch rege ich im selben Atemzug an, festzustellen, in welchem Verhältnis dieser Teil unsers Lebens zu dem Teil steht, in dem wir unserem Leben einen höheren Sinn geben, in dem wir bewusst agieren, um diese Welt im positiven Sinne zu verändern. Wie groß ist der Anteil Ihres Lebens, in dem Sie aktiv dazu beitragen, unsere gesamte Welt mit Liebe zu bereichern? Ist es uns nicht ein Herzensbedürfnis, das in unserer Welt so zahlreich anzutreffende Leid zu lindern und zu vertreiben? Sollte der höhere Sinn unseres Seins nicht der sein, diese Welt deutlich besser wieder zu verlassen als wir sie bei unserer Geburt vorgefunden haben? Sind wir nicht göttliche Wesen, die in ihrem Herzen die bedingungslose göttliche Liebe tragen? Ist es nicht unsere Bestimmung, die Liebe zum Ausdruck zu bringen und sie dorthin zu tragen, wo sie fehlt?

Sollte jetzt aus Ihrem Herzen ein Impuls kommen, etwas dazu beitragen zu wollen, dann freut es mich, dass ich Sie inspirieren konnte. Im nächsten Moment könnte es aber sein, dass Sie gar nicht so recht wissen, wie Sie das anstellen sollen und es könnte Sie das Gefühl der Machtlosigkeit überkommen und dazu führen, dass Sie sich letztlich doch der in uns allen innewohnenden Ohnmacht beugen. Der Irrglaube dahinter, der uns immer wieder daran hindert, aufzustehen und gemeinsam eine völlig neue Welt zu erschaffen, ist dieser:

- Ich bin machtlos

Das Bewusstsein, ein Schöpfergott zu sein, ist die logische Korrektur dieser uralten Programmierung.

Medien:

Die Flut an Informationen, die tagtäglich über uns hereinbricht und über das Fernsehen, nationale und regionale Zeitungen, Magazine oder auch das Internet und sonstige Wege zu uns gelangt, nimmt laufend zu. Wir sind gar nicht mehr in der Lage, alle Informationen aufzunehmen, sie zu sondieren und inhaltlich zu prüfen, weil es einfach zu viel geworden ist. Somit hat jeder seine individuellen Angewohnheiten entwickelt, um zu den wesentlichen Informationen zu gelangen, was im unmittelbaren Umfeld und in der Welt so alles passiert. Man verlässt sich dabei auf einige wenige Quellen. Doch ist das, was uns durch die zahlreichen Kanäle an Information aufbereitet wird, immer auch wirklich die reine Wahrheit? Könnte es denn sein, dass sich da und dort rein zufällig eine gewisse Veränderung in der Darstellung dessen ergibt, was gerade geschehen ist oder sich anbahnt? Wer hat denn in unserer schnelllebigen Zeit noch die Möglichkeit, die Informationen auf ihren Wahrheitsgehalt zu überprüfen und herauszufinden, ob die Berichterstattung geschönt wurde? Man braucht auch hier wieder nur der Spur des Geldes und der Macht folgen, um herauszufinden, wer von der Verblendung des Volkes profitiert. An dieser Stelle finden wir erneut ein paar Wenige, die aus dem Hintergrund agierend die öffentliche Meinung zu ihren Gunsten beeinflussen, ohne dass die Massen davon Notiz nehmen.

Wir stehen erneut vor der Frage, wie es möglich ist, dass bewusst gelenkte Informationen zu uns gelangen und wie wir es einfach nicht erkennen oder hinnehmen konnten, dass man uns laufend manipuliert. Das Programm, das uns dazu veranlasst, besteht aus diesen Glaubenssätzen:

- Ich muss mich der öffentlichen Meinung anschließen
- Ich darf keine eigene Meinung haben
- Ich habe mich aus dem Weltgeschehen herauszuhalten

Mich fasziniert unsere Programmierung immer noch mehr, je tiefer ich in die Materie einsteige und meine Verwunderung, wie es dazu kommen konnte, dass unsere Welt so ist, wie sie ist, weicht zunehmend einem tiefen Verständnis, wodurch all dies hervorgerufen wurde. Das ist kein Wunder, denn die Programme sind alle mit Machtlosigkeit und Ohnmacht verknüpft und was sollte anderes dabei herauskommen, als eine Spezies, das sich scheinbar ohnmächtig den Vorgaben ergibt.

Neuer Glaubenssatz: Die einzige Wahrheit entspringt aus meinem Herzen.
Gefühl: Wahrhaftigkeit; **Emotion**: Allumfassende, bedingungslose Liebe

Neuer Glaubenssatz: Meine Meinung ist meine Wahrheit und meine Wahrheit entspringt aus meinem Herzen.
Gefühl: Wahrhaftigkeit; **Emotion**: Allumfassende, bedingungslose Liebe

Neuer Glaubenssatz: Mein Herz ist die Quelle der Wahrheit und die Wahrheit verändert die Welt.
Gefühl: Wahrhaftigkeit; **Emotion**: Allumfassende, bedingungslose Liebe

Die neue Programmierung lässt uns die Wahrheit erkennen und dazu stehen und diese in die Welt tragen, auf dass sich diese nach dem Herzen verändert.

Das Ego:

Ergänzend zum Kapitel „Das Ego" gehe ich hier auf die grundlegende Programmierung des Egos ein. Oft begegnen uns Menschen, die sehr auf ihren eigenen Vorteil bedacht sind und ihr Leben darauf ausgerichtet haben, andere zu übervorteilen, um selbst davon zu profitieren. Ihr Interesse ist auf sich selbst gerichtet und sie schrecken nur selten davor zurück, andere zu manipulieren und sie für ihre Zwecke zu benutzen. Sie haben auch gelernt, den Schein zu erwecken, dass ihr Interesse dem Wohle anderer gilt, doch beim zweiten Blick offenbart sich zumeist ihre wahre Absicht, denn früher oder später kommt die Wahrheit immer ans Licht! Wir nennen diese Menschen gerne

Egoisten. Doch was ist das Ego eigentlich? Jeder hat ein Ego, daher stellt sich die Frage, sind wir eine Art gespaltene Wesenheit? Im weitesten Sinne trifft dies sogar zu, denn unser irdischer Anteil ist vom göttlichen Aspekt, unserer Seele, abgespalten und führt gemäß seiner individuellen Programmierung eine Art Eigenleben. Nur durch die Abspaltung von unserem göttlichen Anteil war es überhaupt möglich, eine 3D-Erfahrungsebene zu begründen und in der Trennung von der Quelle Erfahrungen zu machen. Diese Trennung erfolgt aber nur im Bewusstsein, denn die Verbindung zur göttlichen Quelle war und ist in jeder Sekunde gegeben. Der Einfluss der Seele auf unser irdisches Erleben war und ist immer präsent, auch wenn dem Ego viel Freiraum gelassen wurde. Weise Menschen leben aufgrund ihrer Erfahrungen bereits große Teile ihres göttlichen Anteils, doch fallen auch sie in einzelnen Situationen in ihr Ego zurück. Die Ursache ist die individuelle Programmierung, die erkannt und verändert werden soll. Wir sind aber nicht unser Ego, wir sind eben dieses göttliche Wesen, zu dem wir mit Weisheit angereichert wieder zurückkehren. Das Ziel unseres Seins ist die Verschmelzung unseres irdischen Anteils mit unserem göttlichen Anteil, um daraus eine kosmisch-menschliche Einheit zu formen. Ein menschliches Wesen mit göttlichen Möglichkeiten.

Um diese Verschmelzung zu ermöglichen, ist zuvor wichtig, die Bestandteile unseres Bewusstseins zu erkennen, die diese Trennung überhaupt erst möglich gemacht haben und sie wieder rückgängig zu machen. Trennung, Hilflosigkeit, Ohnmacht, Sehnsucht nach Liebe sowie Einsamkeit und Traurigkeit begleiten diese Programme:

- Ich bin von der göttlichen Quelle getrennt
- Ich bin auf mich alleine gestellt
- Ich bin von Gott verlassen

Diese Programmierung reichte aus, um uns von unserem göttlichen Anteil abzuspalten. Um eine schnelle Rückkehr in die göttliche Einheit einzuleiten, ist eine Umprogrammierung unerlässlich.

Neuer Glaubenssatz: Ich bin ein Teil von Gott.
Gefühl: Liebe; **Emotion**: Allumfassende, bedingungslose Liebe

Neuer Glaubenssatz: Ich bin in die göttliche Einheit eingebunden.
Gefühl: Liebe; **Emotion**: Allumfassende, bedingungslose Liebe

Durch diese Programmierung wird ein unumkehrbarer Prozess eingeleitet, der uns wieder zu unserer göttlichen Quelle zurückkehren lässt. Die Verschmelzung mit unseren höheren Anteilen rückt näher.

Jede Situation, die wir erlebt haben, hat uns geprägt. Diese Erfahrungsebene zeichnete sich unnötigerweise überwiegend durch schmerzvolle Erfahrung aus. Wir haben Schmerz sowohl physisch als auch psychisch wahrgenommen und über diesen das Leben in der Getrenntheit über unzählige Inkarnationen am eigenen Leib erfahren. Sie kennen nun die wichtigsten Grundprogrammierungen, die das Leben in der Trennung überhaupt erst möglich gemacht haben, und jetzt liegt es in Ihrer Hand, von diesem Wissen Gebrauch zu machen, um sich auf den Weg zurück in die Einheit zu machen.

Ich gehe davon aus, dass eine deutliche Mehrheit der Menschen gerne eine veränderte Welt vorfinden und für sich selbst und alle anderen eine Gesellschaft begründen möchte, die von gegenseitiger Wertschätzung, Frieden, Freude, Fülle und Liebe gekennzeichnet ist. Eine Welt, in der die Menschen glücklich sind und mit der Natur in Einklang leben. Warum unsere Welt derzeit ganz anders aussieht, dürfte Ihnen jetzt deutlich vor Augen liegen. Sie haben nun erkannt, welche Programme in uns so lange dafür gesorgt haben, dass wir uns gegenseitig übervorteilen und bekämpfen, warum wir das Leid in der Welt weitgehend ausblenden und auf die Natur zu wenig Rücksicht nehmen. Es liegt nun an allen, die dieses Wissen in sich tragen, bei sich selbst zu beginnen und in sich die

Grundlagen zu schaffen, damit die Vision der glücklichen neuen Welt Realität werden kann. Bei sich selbst zu beginnen, ist der richtige Anfang, doch damit alleine wird diese neue Welt noch nicht sofort entstehen können. Es bedarf dazu einer kritischen Masse an bewussten Menschen. Die Weitergabe dieses Wissens ist ein wesentlicher Bestandteil und den Möglichkeiten dazu widme ich im weiteren Verlauf ein eigenes Kapitel.

Zu Recht könnten Sie die Frage stellen, warum wir genau so programmiert wurden? Worin der eigentliche Zweck einer solch schwierigen Ausgangssituation liegt? War es nicht von Anfang an aussichtslos, die Menschheit angesichts dieser Programme jemals ins Licht zurückzuführen? Worin liegt der höhere Sinn, dass Seelen in eine Welt mit härtesten Spielregeln inkarnieren, für die sie Tausende Inkarnationen benötigen werden, um diese Erfahrungsebene erfolgreich abschließen zu können? Ist da dem göttlichen Plan nicht ein riesengroßer Fehler unterlaufen? Die Antwort darauf ist einfach, denn genau das war ja der göttliche Plan. Wir wollten eine Spielwiese vorfinden, in der wir mehr als nur ausgiebig die Dualität erfahren können. Nur unter diesen Bedingungen war es möglich, so viele negative Erfahrungen machen zu können und daraus so viele positive Erkenntnisse zu ziehen. Nur deshalb ist die Erde ein ganz besonderer Schulungsplanet, nirgendwo anders im Universum gibt es so extreme Bedingungen, um zu lernen und als unsterbliche Seele zu wachsen. Wenn Sie jetzt sagen, dass Sie diesen Weg niemals gewählt hätten, wenn Sie gewusst hätten, was Sie alles erwartet, dann kann ich diesen Gedankengang gut nachvollziehen. Das Besondere am Abenteuer Leben ist die Unberechenbarkeit und daher ist es auch niemals möglich, exakt vorherzusagen, wie sich die Menschheit weiter entwickeln wird. Man kann immer nur vom aktuellen Zustand des kollektiven Bewusstseins ausgehen und darauf aufbauend mögliche Entwicklungen ableiten, doch dieses Bewusstsein ist im ständigen Wandel und die Richtung ist nicht vorhersehbar. Das Ziel dieses Buches ist, allen Seelen, die sich dafür öffnen möchten, einen einfachen und für alle gangbaren Weg zurück in die göttliche Einheit aufzuzeigen und eine Abkürzung anzubieten.

Sie haben durch die Transformationen und Neuprogrammierungen in diesem Kapitel bereits den Grundstein gelegt, ein von Liebe geprägtes Leben zu führen. Ich beglückwünsche Sie an dieser Stelle zu Ihrem starken Willen und Durchhaltevermögen! Sollten Sie die Veränderungen in Ihrem Bewusstseinsfeld noch nicht vorgenommen haben, so lege ich Ihnen, dies zu tun, jetzt ans Herz, damit Sie für die nun folgenden Inhalte gut gerüstet sind, denn die vollkommene Wandlung zu einem erfüllten Leben, das von Lebenslust und Liebe geprägt ist, steht Ihnen noch bevor.

Die Verbindung zur Seele wiederherstellen

Sie wissen nun bereits, wie Sie einen Glaubenssatz transformieren und einen neuen in Ihr Bewusstseinsfeld integrieren können. Die Arbeit am Bewusstsein bedeutet eine intensive Zusammenarbeit mit Ihrer Seele, die nichts anderes will, als Ihnen zu helfen. Vielen Menschen ist die Seele jedoch völlig fremd und ein Kontakt zu ihr ist ihnen unvorstellbar. Die meisten glauben, dass die Seele irgendwo weit weg existiert, sie fühlen sich von ihr völlig losgelöst. Die Trennung von unserer Seele hatte jedoch ihren Grund, denn nur so war es möglich, die zahlreichen Erfahrungen in den Tausenden von Leben, die die meisten Menschen bereits absolviert haben, zu machen. Ein Leben ohne Seele ist jedoch unmöglich, denn wir sind diese Seele und die Verbindung war immer vorhanden, in jeder einzelnen Sekunde war und ist die Seele der bestimmende Teil unseres Lebens und daran wird sich auch niemals etwas ändern. Lediglich im Bewusstsein ist eine Trennung erfolgt und nun wird es aber Zeit, unsere Seele wieder vollkommen in unser Leben zu integrieren und den Kontakt wiederherzustellen.

Wie Sie bereits richtig vermuten, erfolgt die Trennung durch mächtige Glaubensmuster. Angesichts dessen, wie weit wir uns von unserer Seele entfernt fühlen, ist es auch nicht verwunderlich, dass so viele und mächtige Muster in uns vorhanden sind. Die meisten der folgenden Programmierungen sind kollektiv in allen Menschen verankert, manche entsprechen meiner persönlichen Matrix. Prüfen Sie selbst, welche in Ihnen Resonanz erzeugen und transformieren Sie diese.

- Meine Seele ist von mir getrennt.
- Es ist mein Recht, von meiner Seele getrennt zu sein.
- Niemand wird mich jemals wieder zu meiner Seele zurückbringen können.
- Niemand wird mich jemals in die Lage versetzen können, meiner Seele gerecht zu werden.
- Meine Seele ist mir nicht zugetan.

- Meine Seele ist ein Teil von mir, aber diesen verweigere ich, denn ich liebe meine Seele nicht.
- Meine Seele hat nichts zu melden in meinem Leben.
- Meine Seele ist nicht hier.
- Niemand darf mich jemals an meine Seele erinnern.
- Ich habe kein Recht, mich mit meiner Seele zu vereinen.
- Ich habe kein Recht, meine Seele zum Ausdruck bringen zu lassen.
- Niemand ist berechtigt, mich in meine Seele zu verwandeln.
- Mein Leben ist von meiner Seele abgeschnitten.
- Mein Leben besteht nicht aus Körper, Geist und Seele, sondern nur aus meinem Körper und meinem Verstand.
- Kein Mensch wird es je schaffen, zu seiner Seele zurückzukehren.
- Keiner ist berechtigt, sein Leben mit seiner Seele zu vereinen.
- Ich bin nicht berechtigt, ein Leben gemeinsam mit meiner Seele zu führen.
- Ich habe nicht das Recht, ein Leben zu führen, das von meiner Seele gelenkt wird.
- Mein Leben besteht nicht aus dem Leben meiner Seele.
- Ich habe nicht das Recht, mein Leben mit meiner Seele zu teilen.
- Ich habe ein Recht, ein geteiltes Leben zu führen.
- Ich habe kein Recht, mein Leben mit meiner Seele zu vereinen.
- Ich habe nicht das Recht, meiner Seele den Vortritt zu lassen.
- Meine Seele hat mich verlassen, ich werde sie nie wieder finden.
- Ich bin der, der keine Seele hat.
- Meine Welt ist eine andere als die meiner Seele.

- Meine Welt dient nicht der meiner Seele.
- Niemand wird mich je davon überzeugen können, dass ich eine Seele habe.
- Ich bin nicht mein Leben.
- Ich bin nicht hier, um mein Leben zu leben.
- Ich bin fremd gesteuert.

Wir müssen uns in Erinnerung rufen, wer wir sind – wir sind Teile von Gott und wir sind die Liebe selbst. Erst durch diese Programmierungen in unserem Bewusstsein wurde es möglich, dass die vielen schrecklichen Dinge geschehen, die auf der Erde geschehen sind und zu meinem Bedauern immer noch zur Tagesordnung gehören. Indem jeder für sich die Programme entfernt, werden diese Dinge nicht mehr möglich! Die Wiedervereinigung mit unserer Seele erreichen wir mit dieser neuen Programmierung:

Neuer Glaubenssatz: Meine Seele und ich, wir sind EINS.
Gefühl: Liebe; **Emotion**: Allumfassende, bedingungslose Liebe

Neuer Glaubenssatz: Ich bin meine Seele.
Gefühl: Liebe; **Emotion**: Allumfassende, bedingungslose Liebe

Damit Ihre Seele sich voll und ganz durch Sie zum Ausdruck bringen kann, ist es erforderlich, die Verbindung zu Ihrer Seele vollständig wiederherzustellen. Dazu laden Sie Ihre Seele ein, mit Ihnen in Ihrem Herzen zu verschmelzen. Sprechen Sie Ihre Seele direkt an und Sie werden eine wundervolle Energie wahrnehmen, sowie Sie diese Einladung ausgesprochen haben und die Verschmelzung stattgefunden hat. Wenn Sie möchten, dass Ihre Seele sich durch Sie zum Ausdruck bringt, dann sollten Sie ihr dies entsprechend erlauben, indem Sie ihr sagen, dass Sie ihr die Erlaubnis erteilen, aus Ihrem Herzen zu sprechen und sich durch Sie zum Ausdruck zu bringen. Sie können unbesorgt sein, Ihre Seele ist keine Quasselstrippe, die permanent zu Ihnen und anderen spricht, üblicherweise spricht sie nur, wenn sie gefragt wird. Nachdem Sie zur Identifikation ihrer individuellen Glaubenssätze Ihre innere Stimme benötigen, wird Ihre Seele Ihnen von nun an freudig Auskunft geben.

Die Wahrnehmung der eigenen Seele ist etwas sehr Individuelles und es gibt keine pauschal gültige Vorgangsweise, wie man die Stimme der Seele wahrnehmen kann. Fakt ist, dass jede Seele spricht, wenn man sie dazu einlädt und eine eindeutige Kommunikation, ähnlich der einer zwischenmenschlichen Unterhaltung, ist möglich. Ihre Seele ist wie Ihr bester Freund, der immer bei Ihnen ist und Sie können sich mit Ihrer Seele zu jeder Zeit unterhalten, ganz so als würden Sie mit einem Freund telefonieren. Wenn Sie jetzt glauben, dass dies nicht möglich ist oder Sie dazu nicht in der Lage sind, dann sehen Sie sich mit einem Glaubensmuster konfrontiert, das Sie transformieren sollten. Es bedarf keiner besonderen Fähigkeiten, um sich mit seiner Seele zu unterhalten – jeder kann das, auch Sie! Sie brauchen sich darauf lediglich einzulassen und Ihre Scheu abzulegen. Ich empfehle Ihnen als Vorbereitung folgende Übung:

- Sprechen Sie zu Ihrer Seele und erzählen Sie ihr, was Sie im Augenblick bewegt, was Sie in Ihrem Leben erreichen möchten und alles, was Ihnen sonst noch in den Sinn kommt. Führen Sie für mehrere Minuten ein vorerst einseitiges Gespräch; Ihre Seele hört garantiert aufmerksam zu. Sie können im Anschluss auch ein paar Fragen stellen, selbst wenn Sie die Antwort Ihrer Seele im Augenblick vielleicht noch nicht hören können. Dies dient zur Eingewöhnung, damit Sie die Scheu verlieren, zu Ihrer Seele zu sprechen.
- Bitten Sie Ihre Seele nun, Ihre Atmung zu übernehmen. Hören Sie auf, bewusst zu atmen, ohne die Atmung dabei zu blockieren. Sie werden merken, dass sich Frequenz und Tiefe Ihrer Atemzüge verändern. Jetzt hat Ihre Seele die Kontrolle! Wiederholen Sie diese Übung mehrmals, diese fördert das Vertrauen.
- Nun ist es an der Zeit, dass Sie sich abwechselnd auf Ihre linke und dann auf Ihre rechte Gehirnhälfte konzentrieren. Wenn Sie zwischen links und rechts mehrfach hin- und

hergewechselt sind, können Sie die Übung ausweiten und sich auf die Details eines markanten Gegenstands (Fernseher, Kühlschrank, Bild etc.) in Ihrem Zuhause konzentrieren und weiterhin Ihre Konzentration abwechselnd auf die linke und rechte Gehirnhälfte halten. Diese Übung lässt Sie erkennen, dass Sie Schwierigkeiten haben werden, den gewählten Gegenstand weiter zu fokussieren, während Sie auf Ihre rechte Gehirnhälfte konzentriert sind. Dies hat damit zu tun, weil in Ihrem Gehirn links der rationale Verstand und rechts die Intuition beheimatet sind. Ihre Seele kontrolliert die rechte Gehirnhälfte. Experimentieren Sie einige Minuten und erst dann fahren Sie fort.

- Konzentrieren Sie sich jetzt auf Ihre rechte Gehirnhälfte und gestatten Sie Ihrer Seele, Ihre Atmung zu übernehmen. Während Ihre Seele die Atmung kontrolliert, bitten Sie darum, dass sie auch Ihre linke Gehirnhälfte in ihre Obhut nimmt. Diese Übung lässt Sie aktiv Ihren Verstand ausschalten, der ansonsten den Ausdruck Ihrer Seele unterbinden könnte. Üben Sie für mehrere Minuten abwechselnd, Ihren Verstand ein- und wieder auszuschalten bzw. Ihrer Seele die linke Gehirnhälfte zu überlassen.
- Bereiten Sie eine einfache, mit Ja oder Nein zu beantwortende Frage vor, die Sie an Ihre Seele richten möchten. Konzentrieren Sie sich auf Ihre rechte Gehirnhälfte und stellen Sie Ihrer Seele die vorbereitete Frage. Im selben Atemzug wird Ihre Seele Ihre Atmung und Ihre Sprechwerkzeuge übernehmen und laut oder leise zu Ihnen bzw. durch Sie sprechen. Lassen Sie jegliche Kontrolle los und gestatten Sie Ihrer Seele, die volle Kontrolle über Gehirn und Sprache zu übernehmen. Es kann sein, dass auch Ihr Kopf dabei bewegt wird. Sie werden feststellen, dass sich die linke Gehirnhälfte, während Ihre Seele spricht, in etwa zur Hälfte wie leicht betäubt anfühlt und Sie keine Kontrolle darüber haben.

Führen Sie diese Übungen mehrmals durch und geben Sie die Kontrolle auf – Ihre Seele wird ab diesem Zeitpunkt verlässlich zu Ihnen sprechen. Es liegt nur daran, dass Sie es zulassen und Sie Ihren Verstand ausschalten. Es funktioniert und jeder kann es, auch Sie!

Nun sind Sie gerüstet, um tagtäglich mit Ihrem neuen besten Freund im regen Austausch zu stehen. Sie werden feststellen, dass Ihre Seele auf absolut jede Frage, die Ihr Leben betrifft, eine sehr weise Antwort hat. Vertrauen Sie darauf, was Ihnen gesagt wird! Sie werden auch feststellen, dass Ihnen Ihre Seele immer Ihren freien Willen lassen und Sie niemals zu etwas drängen wird.

Die individuelle Programmierung

Unser Bewusstsein besteht einerseits aus der kollektiven Programmierung, die Sie zuvor kennengelernt haben und aus der individuellen, persönlichen Programmierung. Über unsere Erfahrungen, die wir über die unzähligen Inkarnationen gemacht haben, hat sich unser individuelles Bewusstsein entwickelt. Jede Situation hat in uns entweder ein bestehendes Programm bestätigt und es dadurch gefestigt oder es wurden alternative Programme geschrieben, die durch ihre Wirkung die älteren Programme abschwächen, aufheben oder überstrahlen. Wir tragen unser gesamtes Bewusstsein in uns und alle alten ausgedienten Muster, auch wenn sie uns in diesem Leben noch so absurd erscheinen, sind sie in uns vorhanden und warten darauf, erlöst zu werden. Somit ist es wichtig, auf alle Situationen, die uns tagtäglich begegnen, zu achten, denn darin verbergen sich all die Muster, die nicht in der Liebe sind. Wenn Sie ein Leben voll Liebe haben möchten, müssen Sie zuerst vollständig in der Liebe sein. Das ist die Grundvoraussetzung!

Schon in frühester Kindheit wurden wir geprägt. Ganz besonders die ersten sechs Jahre sind von größter Bedeutung in der Entwicklung des Bewusstseins. Je nachdem, wie die Kindheit verläuft, werden die Weichen für spätere Erfahrungen gestellt. Je liebevoller, spielerischer und freier von traumatischen Erfahrungen diese Zeit verläuft, umso leichter wird das spätere Leben. Kinder sind immer ein Paradebeispiel, denn sie neigen dazu, die Programme der Erwachsenen, die sie in ihrer Entwicklung begleiten, aufzunehmen und für sich als wahr und richtig abzuspeichern. Das Problem an der Sache ist, dass die übertragenen Muster immer wieder dazu führen, dass die Veränderungen in der Welt, die durch die heranwachsenden Kinder eingeleitet werden sollten, ausbleiben, weil diese die alten Muster der Erwachsenen übernehmen und weiterleben.

Kinder sind völlig unbedarft, haben ganz andere Ansichten als Erwachsene, sie sehen die Welt mit ganz anderen Augen und hätten die Möglichkeit, neue Impulse zu setzen und völlig neue Wege zu gehen. Indem wir ihnen aber unser Glaubenskorsett überstülpen und sie zwingen, sich nach unseren Vorstellungen zu entwickeln und sie für diese Gesellschaftsform „passend machen“, wird die Chance der Veränderung, die durch die nächste Generation in die Welt gebracht werden sollte, vertan.

Die Kinder sind offen für alles und gehen völlig spielerisch und zwanglos mit allem um. Genau das braucht diese Welt, um sich verändern zu können und selbst spielerisch und zwanglos zu werden. Wenn den Kindern durch ihre Eltern, Lehrer und andere Bezugspersonen aufgezeigt wird, dass das Leben in dieser Welt schwer und von Zwang bestimmt ist, dann übernehmen sie diese Ansicht und viele andere ebenso. Dadurch leben sie die gleichen Muster wie die Erwachsenen weiter und alles bleibt wie gehabt. Indem wir aber beginnen, den Kindern klarzumachen, dass das, was wir als richtig erachten, unvollständig oder vielleicht sogar völlig falsch sein könnte, beginnen sie zu hinterfragen, was wir ihnen darlegen. Das Wichtigste ist aber, dass wir unsere eigenen Muster, die nicht in der Liebe sind, erkennen und auflösen. Erst dann sind wir in der Lage, mit Kindern höchst qualifiziert zu arbeiten und ihre Ansichten anzunehmen und von ihnen zu lernen, weil wir uns selbst von den Zwängen dieser Welt im Bewusstsein befreit haben.

Um ein Muster, das nicht in der Liebe ist, transformieren zu können, ist es unerlässlich, dieses zu erkennen. Dies erscheint im ersten Augenblick schwierig, weil diese ja im Unterbewusstsein abgespeichert sind. An dieser Stelle kommt wieder unsere Seele als der Helfer aus dem Hintergrund ins Spiel. Stellen Sie sich Ihren überirdischen Anteil als eine Art imaginären Freund vor, der in jeder Sekunde bei Ihnen ist. Er weicht niemals von Ihrer Seite und trachtet unentwegt danach, Sie in Ihrer Entwicklung zu unterstützen und hilft Ihnen, Ihr Leben bestmöglich zu meistern. Je mehr Sie auf ihren Freund hören, umso leichter werden Sie es im Leben haben. Ihre Seele ist aber nicht einfach nur ein Freund, der gute Ratschläge gibt, sondern sie hat die Macht, absolut alles umzusetzen, das Sie in Ihrem Leben umgesetzt sehen möchten. Die Voraussetzung dafür ist eine enge Zusammenarbeit, denn Sie werden zahlreiche Impulse vernehmen und Gelegenheiten bekommen, die Ihnen helfen, Ihre Ziele zu erreichen, doch ist es wichtig, diese Impulse auch zu erkennen und damit richtig umzugehen.

Bei der Annäherung an Ihre Seele ist es zu Beginn wichtig, die individuelle Art und Weise abzustimmen, wie Ihre Seele mit Ihnen kommuniziert. Nachdem Sie sich zurückgezogen haben und in Ruhe dieses Buch lesen, ist dies eine gute Gelegenheit, um Ihre Seele genau jetzt zu bitten, Ihnen ein Zeichen zu geben, welches zum Ausdruck bringt, dass sie Ihnen etwas mitzuteilen hat. Sie sollten an dieser Stelle kommunizieren, dass Sie jetzt bereit sind, das Signal zu empfangen. Experimentieren Sie, in dem Sie mit Ihrem Freund sprechen und ihm/ihr sagen, bitte jetzt das Signal zeigen und dann wieder das Signal zu beenden. Machen Sie dies mehrfach, bis Sie deutlich erkennen können, wie Ihre Seele signalisiert, dass sie eine Botschaft hat. Ich empfehle, dieses Signal in den nächsten Tagen mehrfach zu trainieren und mit Ihrer Seele in Kontakt zu treten. Fühlen Sie das Signal sowohl mit geschlossenen als auch mit geöffneten Augen, denn die Signale kommen oft während einer Alltagstätigkeit, bei der Sie ja für gewöhnlich auch die Augen geöffnet haben werden. Gewöhnen Sie sich daran, einen Freund zu haben, der alles weiß und sehr viel mehr Überblick hat, als Ihre eingeschränkte irdische Perspektive es zulässt.

Im nächsten Schritt können Sie zwei weitere Signale vereinbaren. Das eine ist ein deutliches „JA“ und das andere ein deutliches „NEIN“. Nachdem es sich hier um zwei völlig gegensätzliche Signale handelt, sind diese in der Regel auch leicht voneinander zu unterscheiden. Auch dies erfordert in den nächsten Tagen etwas Training und sowie diese Kommunikation gefestigt ist, werden Sie nie wieder darauf verzichten wollen, so wertvoll sind diese Impulse. Ich praktiziere die Kommunikation mit meiner Seele täglich mehrfach, ganz besonders früh morgens, unmittelbar nachdem ich erwacht bin und vor dem Einschlafen. Zu dieser Zeit sind Sie entspannt und auf sich selbst fokussiert, die ideale Gelegenheit, um bei Ihrem Freund die wichtigsten Informationen für den Tag einzufordern oder den Tag Revue passieren zu lassen und die entscheidenden Erkenntnisse zu ziehen.

Um Ihre Glaubenssätze, die nicht in der Liebe sind, identifizieren zu können, müssen Sie sich auf die Signale ihrer Seele verlassen. Nur über die Gefühlswahrnehmung, die Ihnen gegeben wird, finden Sie Zugang zu der weiteren Information, die in diesem Paket an Sie gesendet wird. Ohne das Vertrauen in Ihren überirdischen Freund werden Sie an diese Information nicht herankommen können! Zur Übung fühlen Sie diesen Glaubenssatz, der ebenso zu unserer Grundprogrammierung gehört:

- Ich bin nicht in der Liebe

Nehmen Sie wahr, was Ihnen Ihre Seele in genau diesem Moment übermittelt. Sie wissen ja bereits, dass Sie über Gefühle kommuniziert. Fühlen Sie genau und versuchen Sie, diesem Gefühl Raum zu geben, damit Sie es deutlich wahrnehmen können. Versuchen Sie das Gefühl zu benennen. Nehmen Sie sich Zeit dafür, denn dieses Gefühl kennen Sie bereits vom vorangegangenen Kapitel sehr gut. Lesen Sie erst weiter, wenn Sie es deutlich gespürt und es bezeichnet haben.

Haben Sie es erkannt? Ja, die Abhängigkeit hat Sie Ihre Seele wahrnehmen lassen. Sofern Sie das Gefühl anders bezeichnet haben, ist das auch in Ordnung, es ist ein Anfang und Sie werden bald in der Lage sein, Ihre Gefühle zu benennen. Bitten Sie Ihre Seele nun, die mit dem Glaubenssatz in Verbindung stehende Emotion wahrnehmen zu lassen. Verfahren Sie damit genau gleich wie mit dem Gefühl und lesen Sie erst weiter, nachdem Sie diese Emotion benannt haben.

Haben Sie die Ohnmacht erkannt? Entscheidend ist, dass Sie diese gespürt haben, die richtige Bezeichnung ist nicht so bedeutend. Nun wäre es an der Zeit, diesen Glaubenssatz im Herzen zur Transformation freizugeben.

Ihr Leben hat soeben eine grundlegende Veränderung erfahren, denn die aktive Arbeit an Ihrem Bewusstsein wird Sie für die nächste Zeit intensiv begleiten und Sie werden laufend auf Muster und Programme hingewiesen, die darauf brennen, erkannt und transformiert zu werden. Ihre Seele lädt Sie ein, in allen Situationen, die Ihnen begegnen, Ihre eigenen Muster zu erkennen. Absolut alles, was Ihnen in Ihrem Leben widerfährt, ist auf Ihr Bewusstsein zurückzuführen. Hätten Sie kein Bewusstsein, so würde sich auch nichts ereignen. Ihr Leben wandelt sich mit jeder einzelnen Transformation und Sie befinden sich nun auf einem Weg, der Sie zur Liebe führen wird. Sie befinden sich in einer Phase, in der sich alles in Ihrem äußeren Erleben zeigt, das in Ihrem Bewusstsein der Liebe entgegensteht. Sowie Sie sich diesem Prozess im tiefen Vertrauen auf die Führung durch Ihre Seele hingegeben haben, ändert sich Ihr gesamtes Leben auf eine Art und Weise, die Ihnen große Freude bereiten wird.

Sie verfügen hiermit über eine unglaublich schnell wirkende Möglichkeit, um zu einer erfreulichen Wandlung Ihres individuellen Lebens zu gelangen und über Ihre untrennbare Verbindung zum Kollektiv auch das Leben aller Menschen zu einer liebevollen Gemeinschaft zu entwickeln. Der Schlüssel liegt in der Analyse jeder Situation Ihres Lebens. Bitten Sie Ihre Seele, Ihnen über Ihre Wahrnehmung aufzuzeigen, ob Ihnen hier etwas gespiegelt wurde, das in Ihnen auf Erlösung wartet. Sie werden sich wundern, in wie vielen Situationen Sie auf eine Spiegelung treffen. Um zu erkennen, ob Ihnen ein Muster gespiegelt wurde, das transformiert werden möchte, achten Sie auf ihre Gefühlswelt. Immer, wenn Sie negative Gefühle oder Emotionen verspüren, erfolgt eine Spiegelung! Sowie Sie beispielsweise von jemandem gekränkt oder verletzt werden, spiegelt dies in Ihnen einen oder mehrere Glaubenssätze, die mit unangenehmen Gefühlen/Emotionen behaftet sind. Wir neigen dazu, vorschnell die Menschen zu verurteilen, die uns verletzt haben, doch in Wahrheit sind diese nur unsere Spiegelbilder. Sie zeigen uns deutlich auf, was in uns steckt und nicht in der Liebe ist. Vielleicht ergeht es Ihnen ähnlich wie sehr vielen Menschen und auch in ihrem Leben gibt es

Situationen, die sich in gewissen Zeitabständen in sehr ähnlicher Form wiederholen und in denen Sie jedes Mal negative Gefühle/Emotionen wahrnehmen. Wenn Sie diesen Ereignissen auf den Grund gehen und Ihre Seele bitten, Ihnen zu helfen, die Muster zu erkennen, dann werden Sie in die Lage versetzt, diese Situationen für immer aus Ihrem Leben zu entfernen.

Diese Erkenntnis versetzt Sie in die Lage, Eigenverantwortung zu übernehmen, denn nur Sie selbst können eine Veränderung in Ihrem Leben erwirken. Bisher haben Sie vielleicht durch diverse Handlungen versucht, etwas zu verändern, doch wie oft sind Sie schon bald wieder von den alten Gefühlen in ähnlichen Ereignissen eingeholt worden?

Die schnellste Gelegenheit zur nachhaltigen Veränderung Ihres Lebens ist die Transformation der Programme in Ihrem Bewusstsein, die Ihnen die Ereignisse bescheren, die Ihnen nicht gefallen. Es liegt in Ihrer Hand und in Ihrer Verantwortung, wie Ihr Leben verläuft! Jede Schuldzuweisung ist eine Verweigerung Ihrer Eigenverantwortung und Ihrer Schöpfermacht!

Identifikation eines individuellen Glaubenssatzes

Ich werde oft gefragt, was denn der Unterschied zwischen einem Gefühl und einer Emotion ist und woran man diese erkennt. Eine eindeutige Abgrenzung gibt es meiner Ansicht nach nicht. Ich versuche hier keine wissenschaftliche, sondern vielmehr eine praktische Darstellung. Im Endeffekt können wir beides fühlen, sie sind daher schwer voneinander zu unterscheiden, doch einen kleinen Unterschied gibt es. Im Wort Emotion steckt „motion", was nichts anderes als Bewegung bedeutet. Ein Gefühl ist etwas, das man in sich fühlen kann, eine Emotion geht aber über uns selbst hinaus, sie bringt uns in Bewegung und lässt uns agieren und richtet sich an unser Umfeld. Emotionen sind daher für Außenstehende leichter zu erkennen als Gefühle, die sich auf unser Innenleben beschränken.

In den Kapiteln zuvor haben Sie bereits die Liebe als Gefühl mehrfach erfahren, doch sehr häufig wurde die Liebe von der Emotion der allumfassenden Liebe begleitet. Die Liebe fühlen wir in uns, doch die allumfassende Liebe geht über uns selbst hinaus und schließt alles, das uns umgibt, mit ein, was nichts anderes bedeutet, dass wir das Gefühl der Liebe über uns selbst ausdehnen und es dadurch zur Emotion wird. Ähnlich verhält es sich mit Ärger und Wut. Ärger ist eher als Gefühl zu betrachten, während sich die Wut nach Außen richtet und uns verbal oder physisch wild um uns schlagen lässt.

Um die Sprache der Seele zu verstehen, müssen wir verstärkt auf unser Innenleben achten. Sie vermittelt uns Gefühle, die in Verbindung mit unseren meist unterbewussten Überzeugungen stehen. Die Gefühle und Emotionen sind die Basis unseres Denkens und Handelns und je bewusster wir alles wahrnehmen, umso mehr können wir unser Leben selbst steuern und die nicht mehr dienlichen Muster erkennen und beseitigen. Je mehr wir unser Innenleben verstehen, umso mehr wird sich unser Außenleben nach unseren Herzensvorstellungen entwickeln. Je unbewusster wir agieren, umso mehr sind wir der Macht der in uns befindlichen Muster ausgeliefert und werden diese immer wieder erleben und die negativen Gefühle und Emotionen leidvoll erfahren. Je bewusster wir sind, umso mehr können wir unsere Gefühlswelt in der Art steuern, wie es uns gefällt, und umso mehr sind wir dadurch in unserer Schöpfermacht.

Die meisten unserer negativ belasteten Programme müssen wir nicht unmittelbar in einer Situation erleben, sondern wir nehmen die damit in Verbindung stehenden Gefühle und Emotionen in Form von Ängsten wahr. Häufig fürchten wir uns und versuchen zu vermeiden, dass die damit in Verbindung stehenden Szenarios eintreten. Das bedeutet, dass uns unsere Seele darauf hinweist, dass in uns Programme gespeichert sind, die möglicherweise dazu führen könnten, dass so eine Situation eintritt. So gesehen sind Ängste gute Freunde! Wenn wir die Hintergründe unserer Ängste nicht kennen, schrecken wir vor vielen Möglichkeiten zurück, auch wenn uns die Möglichkeit an sich sehr viel Freude bereiten könnte. Das Hindernis ist nur das fehl gedeutete Gefühl der Angst. Ängste wollen uns nicht von Möglichkeiten und Abenteuern abhalten, sondern sie sagen uns nur, dass in uns Muster vorhanden sind, die uns den Spaß verderben könnten. Indem wir diese Muster genau betrachten und transformieren, beseitigen wir die Ängste und eröffnen uns die Möglichkeit, das Abenteuer einzugehen und daran Spaß zu haben und neue Erfahrungen zu sammeln.

Wie oft wurden Sie bereits durch Ängste von Vorhaben abgehalten, die Ihnen möglicherweise viel Freude bereitet hätten? Zu oft? Dann wäre es jetzt an der Zeit, die Spaßbremsen näher zu betrachten und die Muster zu erkennen, die Ihnen durch Ihre Ängste aufgezeigt werden, um sie aus Ihrem Leben für immer entfernen zu können. Die Voraussetzung dafür ist die eindeutige Identifikation und dazu gehen Sie wie folgt vor:

1. Möglichkeit: Die Seele fragen

Wenn Ihnen Ihre Seele ein negatives Gefühl vermittelt, dann zeigt sie Ihnen ein negativ belastetes Muster auf. Daher ist es wichtig, dass Sie diesem Gefühl Raum geben, um es deutlich wahrnehmen zu können. Sowie dieses in Ihnen präsent ist, ist es an der Zeit, die Seele zu bitten, Sie auch die damit in Verbindung stehende Emotion fühlen zu lassen und auch dieser sollten Sie wieder für einen kurzen Moment Raum geben. Sowie Sie Gefühl und Emotion wahrgenommen haben, geht es darum, die Seele zu bitten, Ihnen den damit in Verbindung stehenden Glaubenssatz mitzuteilen. Dies ist der schnellste Weg, um zum Ziel zu gelangen. Sobald Sie darin geübt sind, mag es vorkommen, dass der Glaubenssatz geradezu aus Ihnen heraussprudelt, doch der Weg bleibt immer der gleiche, auch wenn die Zeit bis dahin nur Sekundenbruchteile sind.

Die Transformation eines Glaubenssatzes auf diese Art und Weise ist nur dann vollständig möglich, wenn Sie diesen Satz kennen und ihn aussprechen können. Das Gefühl und die Emotion wahrzunehmen ist zwar gut und wichtig, aber nicht genug! Somit bleibt Ihnen nichts anderes übrig, als auf Ihre Seele zu hören, denn sie sorgt dafür, dass Ihnen der Satz bewusst wird. Sie brauchen dazu nur Ihre intuitive Wahrnehmung einzuschalten und den Verstand für einen kurzen Moment in den Hintergrund zu stellen. Das Training Ihrer intuitiven Wahrnehmung, wie im Kapitel „Die Verbindung zu Seele wiederherstellen“ beschrieben, ist der Schlüssel zum Erfolg.

Damit der Satz aus Ihrem Unterbewusstsein hoch kommen kann, müssen Sie Ihren Verstand lahmlegen und alle Gedanken beiseite schieben. Wenn Ihnen eine Formulierung in den Sinn kommt, sollten Sie einfach darauf vertrauen und diese zulassen. Lassen Sie den Satz aus Ihnen heraussprudeln, sprechen Sie ihn aus, auch wenn er Ihnen im ersten Moment noch so absurd vorkommen mag. Sie können die Richtigkeit sofort überprüfen, ob das Gefühl, das Ihr vermuteter Glaubenssatz auslöst, mit dem Gefühl, das Sie gerade eben wahrgenommen haben, übereinstimmt. Erzeugt der Satz in Ihnen keine Resonanz, so ist eine andere Formulierung die richtige. Der richtige Satz ist in Ihnen und er will heraus, Ihre Seele sorgt dafür, dass Sie ihn erkennen, geben Sie ihr eine Chance, indem Sie den Verstand ruhen lassen. Konzentrieren Sie sich auf Ihre rechte Gehirnhälfte und lassen Sie Ihre Seele durch Sie sprechen. Geben Sie die Kontrolle Ihrer Atmung, Ihrer Sprache und Ihres Verstandes an Ihre Seele ab und sie wird unmittelbar davon Gebrauch machen und Ihnen einen Satz bewusst sagen, den Sie so nicht vermutet hätten. Dieser kann leise in Form eines inneren Selbstgespräches passieren oder Sie könnten sich veranlasst fühlen, den Satz laut auszusprechen. Indem Sie die Kontrolle an Ihre Seele abgeben, legt diese Ihre linke Gehirnhälfte zum Teil lahm und die intuitive innere Stimme kann frei sprechen. Es könnte sein, dass Ihre Atmung und Aussprache etwas eigenartig dabei wirken, aber das ist normal. Sowie Sie diese Hürde in Ihrem Verstand genommen haben, ist der Weg zu einer Konversation mit Ihrer Seele frei. Sie können ein Gespräch führen, wie mit jedem anderen Menschen auch und Sie werden auf alles Antworten bekommen. Es kommen oftmals interessante Aspekte Ihres Seins an die Oberfläche, lassen Sie sich nicht irritieren, denn Glaubenssätze sind oftmals skurril und Sie hätten niemals gedacht, dass so etwas in Ihnen vorhanden sein könnte. Viele dieser Muster stammen aus früheren Inkarnationen. Daher sind sie uns nicht vertraut.

Mit den zuvor bereits geübten JA/NEIN Signalen können Sie mit Ihrer Seele zusätzlich abprüfen, ob Sie den richtigen Satz gefunden haben. Ist der Satz identifiziert und mit dem Gefühl gegen geprüft, so ist er bereit zur Transformation. Sowie diese erfolgt ist, ist es sehr empfehlenswert, die Situation erneut zu prüfen, ob darin nicht noch ein weiterer Glaubenssatz enthalten ist, der ebenso gespiegelt wurde. Verfahren Sie dazu genau gleich wie vorhin. Je mehr Sie sich damit beschäftigen, umso schneller werden Sie zum Ergebnis kommen. Oft reichen wenige Sekunden Konzentration aus und schon sind Sie am Ziel. Es ist einfach und jeder kann das, auch Sie!
Hier nochmals die Vorgangsweise in Kurzform:

- Konzentrieren Sie sich auf das unangenehme Gefühl, das diese Situation in Ihnen auslöst. Geben Sie dem Gefühl Raum und nehmen Sie es für einige Sekunden wahr. Versuchen Sie, es zu benennen (ist nicht unbedingt erforderlich).

- Bitten Sie Ihre Seele darum, nun auch die damit in Verbindung stehende Emotion wahrnehmen zu können.
- Geben Sie der Emotion Raum und nehmen Sie diese ebenso einige Sekunden wahr! Versuchen Sie, die Emotion zu benennen (ist nicht unbedingt erforderlich)!
- Bitten Sie Ihre Seele darum, Ihnen mitzuteilen, welcher Glaubenssatz mit diesem Gefühl und der Emotion in Verbindung steht!
- Schalten Sie Ihren Verstand aus und konzentrieren Sie sich auf Ihr Herz und/oder Ihre rechte Gehirnhälfte! Übergeben Sie Ihrer Seele die Kontrolle über Ihren Atem und Ihren Verstand und lassen Sie Ihre Seele durch Sie sprechen!
- Prüfen Sie den Glaubenssatz, indem Sie wahrnehmen, ob er das zuvor wahrgenommene Gefühl in Ihnen auslöst!
- Experimentieren Sie mit der Formulierung, bis Sie eine gefühlsmäßige Übereinstimmung erkennen!

2. Möglichkeit: Reise ins Unterbewusstsein

Sofern Sie mit der ersten Möglichkeit noch nicht klar kommen, stelle ich Ihnen eine Alternative vor, die auf jeden Fall gelingen wird. Diese braucht zwar etwas mehr Zeit, sie hat aber auch ihre Vorzüge, die Sie gleich erkennen werden. Sie gehen dazu gleich vor wie vorhin beschrieben, und nehmen das mit der Situation in Verbindung stehende Gefühl wahr, geben ihm Raum und versuchen es zu benennen. Das Gleiche unternehmen Sie auch mit der Emotion. Nun kommt die entscheidende Änderung. Sie bitten Ihre Seele um Zugang zu Ihrem Unterbewusstsein und stellen sich vor Ihrem geistigen Auge eine Treppe mit zehn Stufen vor, die nach unten in Ihr Innerstes führt. Sie gehen die Stufen ganz langsam hinunter und zählen dabei von der zehnten Stufe ausgehend rückwärts.

Mit jedem Schritt bzw. jeder Stufe zählen Sie rückwärts, neun, acht, sieben, sechs ... bis Sie unten angelangt sind. Dort stehen Sie vor einer geschlossenen Türe. Wie diese aussieht, überlassen Sie Ihrer Phantasie.

Dahinter bereitet Ihre Seele die Szene vor, in der dieses Muster zu früheren Zeiten geschaffen wurde. Jetzt öffnen Sie diese Türe und bleiben in der Türe stehen! Sie sind in diesem Moment Zuschauer wie im Theater oder Kino und beobachten eine Situation, die Ihnen vertraut oder auch völlig fremd sein kann. Dies spielt keine Rolle, wichtig ist, dass Sie die Szene bzw. den Film genau sehen und erkennen, worum es geht. Es kann eine kurze Sequenz oder auch ein etwas längerer Film sein, schauen Sie genau hin und erkennen Sie, was passiert! Sie brauchen dazu nicht unbedingt jedes Detail, Sie sollen nur die Szene an sich erfassen und im Wesentlichen verstehen, worum es sich dreht. Sie haben in diesem Moment Zugang zu Ihrer unterbewussten Erinnerung, Zugang zu der Situation, in der die Glaubenssätze entstanden sind, die Ihnen in Ihrem aktuellen Leben soeben gespiegelt wurden. Die Szene kann aus diesem oder auch aus einem Ihrer früheren Leben stammen. Wundern Sie sich nicht, es könnten teils emotional aufwühlende Szenen gezeigt werden und daher ist es wichtig, dass Sie im Türrahmen stehen bleiben und nur als unbeteiligter Beobachter fungieren.

Nun geht es darum, diese Situation zu heilen und alle negativ besetzten Glaubenssätze zu transformieren. Dazu gehen Sie ähnlich vor wie bei der Transformation eines bekannten Glaubenssatzes. Sie sprechen, nachdem Sie die Szene betrachtet haben folgenden Satz:

„Ich nehme diese Situation und alles, was bewusst oder unbewusst damit in Verbindung steht und gebe dieses samt allen negativ belasteten Glaubenssätze, die dabei gebildet wurden, in meinem Herzen zur Transformation frei.“

Seien Sie versichert, dass Ihre Seele genau weiß, was jetzt zu tun ist und alles wird gut. Sie werden feststellen, dass bereits nach wenigen Sekunden die Szene entweder völlig verschwunden ist oder sie sich zu einer positiven Situation verwandelt hat. Die Transformation ist abgeschlossen, wenn alle Beteiligten in der Szene geheilt sind und es allen gut geht. Wenn dem so ist, dann schließen Sie die Türe wieder, drehen sich um, und gehen die zehn Stufen langsam wieder nach oben. Zählen Sie dabei bei eins beginnend wieder jeden Schritt, bis Sie bei zehn wieder oben angekommen sind. Sie haben Ihr Unterbewusstsein wieder verlassen und befinden sich im Hier und Jetzt.

Die Arbeit ist erst dann beendet, wenn Sie Ihre Seele gefragt haben, ob Ihnen ein weiteres Programm gespiegelt wird und darauf achten, welches Gefühl Ihnen Ihre Seele Sie jetzt wahrnehmen lässt. Haben Sie ein positiv neutrales Gefühl, so ist die Angelegenheit erledigt. Sollten Sie erneut ein belastendes negatives Gefühl wahrnehmen, so wiederholen Sie die Übung, die Szene wird dieses Mal eine andere sein, weil es sich um einen anderen Glaubenssatz handelt, der in einem anderen Zusammenhang gebildet wurde.

Der Vorteil dieser Methode ist, dass dabei mehrere Glaubenssätze gleichzeitig transformiert werden und Ihnen diese im Detail nicht unbedingt bekannt sein müssen und ganze Szenen inklusive aller beteiligten Personen Heilung erfahren. Diese Übung kann jeder durchführen, auch wenn die visuellen Vorstellungsfähigkeiten nur wenig ausgeprägt sind, da die detailgenaue Wahrnehmung nicht erforderlich ist, das Erfassen des wesentlichen Kerninhalts der Szene ist ausreichend. Im Nachhinein wäre es dienlich, das Erlebnis Revue passieren zu lassen und jene Glaubenssätze aufzuschreiben, die Sie nun aufgrund der Kenntnis des Ereignisses vermuten, damals gebildet zu haben und diese dann zu überprüfen, ob diese Sätze in Ihnen gefühlsmäßig eine Resonanz erzeugen.
Hier nochmals der schrittweise Ablauf:

- Konzentrieren Sie sich auf das unangenehme Gefühl, das diese Situation in Ihnen auslöst! Geben Sie dem Gefühl Raum und nehmen Sie es für einige Sekunden wahr! Versuchen Sie, es zu benennen (ist nicht unbedingt erforderlich)!

- Bitten Sie Ihre Seele darum, nun auch die damit in Verbindung stehende Emotion wahrnehmen zu können!
- Geben Sie der Emotion Raum und nehmen Sie diese einige Sekunden wahr! Versuchen Sie, die Emotion zu benennen (ist nicht unbedingt erforderlich)!
- Bitten Sie Ihre Seele darum, Ihnen Zugang zu Ihrem Unterbewusstsein zu gewähren und Ihnen die damit in Verbindung stehende Szene zu zeigen!
- Stellen Sie sich eine nach unten führende Treppe mit zehn Stufen vor und zählen sie beim Hinabsteigen von zehn rückwärts, bis Sie unten vor einer geschlossenen Türe angekommen sind!
- Öffnen Sie die Türe und beobachten Sie die Szene, die Ihnen gezeigt wird, bis Sie verstanden haben, worum es dabei geht!
- Sprechen Sie den zuvor fett gedruckten Satz zur Transformation!
- Beobachten Sie die Szene, ob sie jetzt harmonisch oder gar verschwunden ist!
- Schließen Sie die Türe und drehen Sie sich um!
- Gehen Sie die Treppe wieder nach oben und zählen Sie dabei langsam, bei eins beginnend, jeden Schritt, bis Sie bei zehn wieder oben im Hier und Jetzt angekommen sind!
- Fragen Sie Ihre Seele, ob Sie Ihnen ein weiteres Programm spiegelt und achten Sie wieder auf ihre Gefühlswahrnehmung!

Sie werden sich wundern, was sich in Ihrem Innersten alles auftut, und wie erleichtert Sie sich fühlen werden, wenn die Transformation erfolgt ist. Mit jedem transformierten Glaubenssatz, erhöhen Sie Ihre Eigenschwingung und Ihr Wohlbefinden. Je höher Sie selbst schwingen, umso leichter werden Sie sich fühlen und umso leichter wird Ihr Leben. Indem Sie verstärkt auf Ihre Seele hören, ihr immer mehr die

Möglichkeit zum Ausdruck verleihen, und Ihr Leben immer weniger von Ihrem Verstand heraus führen, umso mehr Freude werden Sie verspüren, und umso mehr neue Möglichkeiten werden sich auftun, die Ihnen glückliche Momente bereiten. Indem Sie Ihrer Seele die Kontrolle übergeben, wird die Liebe zu Ihrem Lebensinhalt und was gibt es Schöneres, als die Liebe in jeder Situation verspüren zu können? Es geht in Ihrem und in unser aller Leben nur darum, alles zu beseitigen, das uns daran hindert, in jeder Situation aus der Liebe heraus zu agieren. Wenn Sie der Meinung sind, dass Sie das bereits jetzt tun, dann freuen Sie sich auf das folgende Kapitel, in dem Sie erkennen werden, dass auch Sie, so wie wir alle, noch einiges zu bereinigen haben. Sonst wären wir ja nicht hier.

Die hier vorgestellte Reise ins Unterbewusstsein ist ein sehr wertvolles Werkzeug, das Sie noch öfters für andere Zwecke benötigen werden. Ich komme etwas später darauf zurück. Um Glaubenssätze schnellstmöglich aufspüren zu können, empfehle ich Ihnen jedoch, mit Ihrer Seele intensiv in direkten Kontakt zu treten und so lange zu üben, bis Sie Ihre Seele sprechen hören. Der schnellste Weg, um Ihre Glaubenssätze zu erfahren und Lebensthemen vollständig abzuschließen, geht über die verbale Kommunikation und direkte Zusammenarbeit mit Ihrer Seele.

Individuelle Transformationsbereiche

Vielleicht fragen Sie sich, wie viele Situationen Sie in Ihrem Leben analysieren müssen, um alle Glaubenssätze zu finden, die Sie transformieren sollen? Durch die Neuprogrammierung Ihrer Grundprägung ist bereits ein großer und wichtiger Anteil der Arbeit an Ihrem Bewusstsein erfüllt, um der Liebe einen großen Schritt näherzukommen und die Liebe als Ihren Lebensinhalt grundlegend zu definieren. Wie viele nicht mehr dienliche Prägungen Sie außerdem in sich tragen, kann Ihnen nur ihre Seele beantworten. Aus eigener Erfahrung kann ich Ihnen berichten, dass mir über einen Zeitraum von einigen Wochen an nahezu jedem Tag ein oder mehrere Glaubenssätze aufgezeigt wurden und ich seither ganz bewusst darauf achte, auch wirklich alle zu erkennen, damit ich diese transformieren kann und sie dadurch nicht mehr erfahren muss.

Mir ist klar, dass es auch in nächster Zeit weiterhin vereinzelt Situationen geben wird, in denen ich nicht mehr dienliche Muster in mir identifizieren kann. Doch erkennbar ist, dass die Intensität sehr schnell deutlich abgenommen hat und die alten Muster kaum noch Ausdrucksmöglichkeit mehr bekommen. Die Situationen, in denen ich negative Gefühle habe, sind äußerst selten geworden. Im Gegenzug ist mein Leben von einem tiefen Vertrauen in die Führung durch meine Seele, gesteigertem Selbstvertrauen, ständig steigender Lebensfreude und wundervollen Begegnungen und Erlebnissen tiefster Liebe gekennzeichnet. Mein Leben ist frei von Dramen, die mich selbst betreffen. Alles spielt sich nur noch um mich herum ab, und ich nutze die Gelegenheit, um durch Beobachtung zu lernen und gehe laufend kurz in mich und prüfe, ob ich in irgendeiner Form damit in Resonanz gehe. Auch für Sie ist ihr persönliches Umfeld ebenso wie das Weltgeschehen ein permanenter Spiegel. Unfälle, Straftaten jeglicher Art, Skandale, Streitigkeiten, Naturereignisse, Nachrichten aus Politik und Wirtschaft, gesellschaftliche Ereignisse, Sportveranstaltungen und vieles mehr sind alles Spiegelbilder. Sie alle projizieren Ihr eigenes und das kollektive Bewusstsein und bieten Ihnen die Gelegenheit, sich selbst zu reflektieren.

Ich werde Ihnen im Anschluss Bereiche aufzeigen, in denen Sie mit hoher Wahrscheinlichkeit ebenso wie ich Transformationsbedarf in Ihnen erkennen werden. Das Ziel der folgenden Seiten ist, Ihnen Lebensbereiche zu zeigen, in denen Sie ganz bewusst mögliche Situationen gedanklich darstellen, um zu erkennen, welche Muster Ihnen die jeweiligen Szenarios spiegeln. Sie entledigen sich dadurch zahlreicher Programme und dadurch erreichen Sie, dass viele Ereignisse in Ihrem Leben nicht mehr stattfinden müssen, weil Sie die negativ belasteten Muster bereits im Vorfeld erkannt und entfernt haben. Viele Dramen können dadurch ausgeschlossen werden. Sie können es auch mit einem Frühjahrsputz in Ihrem Zuhause und der damit einhergehenden Entrümpelung Ihres Kellers oder Dachbodens vergleichen, wo Sie selbst die hintersten Winkel genau durchforsten und alles entfernen, das dort schon jahrelang herumliegt und was Sie längst nicht mehr benötigen. Dabei wundert man sich auch oft, mit wie vielen überflüssig gewordenen Dingen man noch belastet ist. Wundern Sie sich nicht, wenn dabei zwischendurch völlig absurd erscheinende Muster hochkommen. Nur weil Sie in diesem Leben ganz anders gedacht und gehandelt haben, sind diese Muster aus früheren Leben immer noch vorhanden und schöpferisch wirksam.

Stellen Sie sich selbst „was wäre wenn Fragen", um mögliche Situationen nur rein gedanklich darzustellen! Ich gebe Ihnen einige Hinweise ohne Anspruch auf Vollständigkeit. Kreieren Sie selbst Ihre Szenarios und prüfen Sie, was Ihnen Ihre Seele für ein Gefühl dabei sendet! Sowie negative Gefühle dabei sind, lohnt es sich, näher hinzusehen, wovor Sie sich fürchten; denn darüber beseitigen Sie alle Ihre Ängste und Blockaden. Sie werden sehen, dass es zahlreiche Muster sind, die Ihnen dabei bewusst werden. Indem Sie diese schrittweise aus Ihrem Leben eliminieren, wird der Weg der Liebe als einzig übrigbleibende Möglichkeit Ihnen nur noch Fülle, Glückseligkeit, Lebenslust und Liebe bescheren.

Die „was wäre wenn" Fragen helfen Ihnen, über das häufig missverstandene Thema des Loslassens hinwegzukommen. In zahlreichen Büchern liest man darüber und wird aufgefordert, alles Alte, das unsere Welt ausmacht, völlig loszulassen. Doch wird das Loslassen damit verwechselt, alles hergeben zu müssen. Indem Sie zum Beispiel Geld und Besitz loslassen, bedeutet dies nicht, dass Sie völlig verarmt sein werden, sondern dass Sie keine negativen Emotionen empfinden, wenn Sie Ihren Besitz loslassen müssten. Es geht darum, Sie in die Lage zu versetzen, alles sofort loslassen zu können, ohne es zu müssen. Dies würde in seiner höchsten Ausprägung bedeuten, völlig nackt, alleine und ohne Besitz sein zu können, ohne Scham und Mangel zu empfinden. Wären Sie in diesem Augenblick in der Lage, absolut alles zu verschenken, sich völlig zu entblößen und im Vertrauen, dass die göttliche Führung Sie mit allem versorgt, auf die Straße zu gehen und nur den höheren Impulsen zu folgen? Ich fordere Sie nicht auf, dies zu tun, doch sollten Sie sich vom Bewusstsein her dazu in die Lage versetzen und absolut alles transformieren, was Sie zu brauchen glauben und woran Sie zu hängen glauben.

Loslassen betrifft Besitz ebenso wie Personen, Status, Macht und Einfluss. Jemanden loszulassen bedeutet nicht, dass dieser aus Ihrem Leben verschwindet, es bedeutet nur, dass Sie und die Person völlig frei sind, alles zu tun, ohne dass Sie Verlustängste, Wehmut oder andere schmerzhafte Gefühle dabei haben. In meiner Funktion als Coach habe ich vielen Menschen geholfen, sich von ihren Kindern und Partnern zu lösen, diese völlig loszulassen und ihnen freizustellen, alleine ans andere Ende der Welt zu ziehen oder ihren Körper und somit die Erde zu verlassen. Diese vor der Transformation unvorstellbaren, weil mit schmerzhaften Gefühlen behafteten Szenarios sind nach der Transformationsarbeit kein Weltuntergang mehr, sondern allen ihren freien Willen zuzugestehen, ist möglich geworden. Es ist ein Akt der Liebe, jemandem völlig freie Wahl zu lassen, ohne ihn dabei zu beeinflussen und eigene Interessen zu verfolgen. Das Schöne daran ist, dass diese Menschen seither viel tiefgründigere und liebevollere Beziehungen zu ihren Kindern und ihren Partnern führen und das Miteinander sehr viel intensiver und erfüllender geworden ist. Andere haben dadurch den Mut gefasst, eine

Beziehung, die schon längere Zeit ihren Sinn erfüllt hatte, aufzulösen und das wahre Glück mit einem anderen Partner zu finden. Loslassen bedeutet frei zu werden und Freiheit zu gewähren. Sie erlangen dadurch ein unbeschreiblich schönes Gefühl der Zwanglosigkeit. Sie werden nichts mehr unbedingt haben müssen und für nichts mehr unbedingt etwas tun müssen, sondern Sie sind frei, alles haben zu können, wenn Sie Lust dazu haben, aber es schmerzt Sie nicht, wenn dem nicht so ist. Loslassen bedeutet demnach auch, völlig unabhängig zu sein! Es könnte Ihnen dabei dieser Glaubenssatz begegnen, der Ihnen das Loslassen verwehren möchte:

- Ich habe kein Recht, mich von all dem zu befreien, was das Leben ausmacht

Innenschau:

In diesem Kapitel wird Ihnen eine Portion Mut und Durchhaltevermögen abverlangt. Ich konfrontiere Sie mit Szenarios, an die Sie möglicherweise noch nie gedacht haben und es auch für sehr unwahrscheinlich halten, dass diese jemals eintreten; und doch sind diese sehr viel wahrscheinlicher als Sie sich es vorstellen können. Um diese Innenschau betreiben zu können, braucht es das Wissen, dass dadurch lediglich Muster an die Oberfläche gebracht werden, die tief in Ihrem Unterbewusstsein schöpferisch wirksam sind und Sie ständig dazu veranlassen, gegenzusteuern. Sie könnten aber auch dem Selbstbetrug verfallen und weiterhin in der Hoffnung leben, dass nichts passiert. Alles, was jemals in Ihrem Leben geschehen oder ausgeblieben ist, hat seinen Ursprung in Ihren Überzeugungen und nur die Innenschau offenbart die schöpferische Grundlage.

Die Möglichkeit zum Selbstbetrug ist in den meisten Menschen in Form eines sehr häufig direkt zum Ausdruck gebrachten Glaubenssatzes verankert. Dieser steht in Verbindung mit einem Gleichgültigkeitsgefühl und der Ohnmacht. Dieser Satz ist so tückisch, dass er uns davon abhält, die Macht in uns anzunehmen. Ich empfehle Ihnen daher dringend zu prüfen, ob dieser auch in Ihnen vorhanden ist und ihn sofort zu transformieren.

- Ich bin nur ein Mensch

Dieser Satz unterbindet Ihre Macht und hindert Sie, die Innenschau konsequent zu betreiben, in Meditation zu gehen und über Ihr irdisches Sein hinauszuwachsen.

Partnerschaft:

An dieser Stelle ist die Frage nach dem, was das Leben überhaupt ist, unerlässlich. Zu leben bedeutet zu lieben, und das Leben macht erst Sinn, wenn man die Liebe mit jemandem teilen kann. Darunter ist nicht nur ein Lebenspartner zu verstehen, sondern wir stehen mit so vielem in Verbindung und jeder von uns lebt zahlreiche Partnerschaften mit Menschen, Tieren, Pflanzen, Autos, Häusern, Möbelstücken und vielem mehr. Ich liebe meine Frau und ich bin täglich dankbar dafür, dass sie mich so sehr bei meiner Arbeit unterstützt. Der Computer, auf dem ich dieses Buch schreibe, ist mein Partner und ich liebe ihn dafür, dass er mir dabei so wundervoll behilflich ist. Das Gleiche gilt auch für mein Auto, das mich seit Jahren zuverlässig überall hin und wieder sicher nach Hause bringt. Das Problem dabei ist unsere Angewohnheit, etwas besitzen zu wollen. Dadurch vereinnahmen wir Gegenstände und Menschen für uns alleine. Doch ist dieser Zustand immer noch im Sinne der allumfassenden Liebe und des völlig uneingeschränkten freien Willens?

Lassen Sie alles los, damit es keine Macht mehr über sie hat! Erst wenn Sie Ihr gesamtes Sein überprüfen und alle nicht mehr dienlichen Überzeugungen transformieren, dann sind Sie vollkommen frei. Indem Sie an nichts mehr zwanghaft hängen, wird Ihr Leben einfach, es fühlt sich leicht und beschwingt an und absolut alles ist möglich. Sie glauben nicht daran? Wenn dem so ist, dann wäre es gleich jetzt an der Zeit, ihr einschränkendes Muster zu hinterfragen, das Ihnen in diesem Moment von Ihrer Seele aufgezeigt wird.

Somit ist es mehr als nur empfehlenswert, absolut alles, was Sie besitzen, genauer zu betrachten. Die nun folgenden Fragen mögen Ihnen im ersten Moment heftig vorkommen. Doch bedenken Sie, es sind nur Gedankenspiele, die Ihnen Ihre Programme aufzeigen, die nicht in der Liebe sind. Sie werden jetzt gleich mit niedrig schwingenden Gefühlen konfrontiert, und wenn Sie den Mut fassen, diese Fragen zuzulassen und die Transformation durchzuführen, so wird sich Ihr Leben unmittelbar danach deutlich leichter anfühlen und Ihre Schwingungsfrequenz deutlich höher sein. Fühlen Sie, was Ihre Seele Ihnen zu den folgenden Fragen aufzeigt und transformieren Sie die jeweilige Vorstellung, das entsprechende Bild, zuerst in Ihrem Herzen. Sprechen Sie dazu folgenden Transformationssatz:

„Ich gebe diese Vorstellung (dieses Bild) mit allen bewussten und unbewussten Anteilen in meinem Herzen zur Transformation frei.“

Prüfen Sie im Anschluss, wie sich das Gefühl bei der Betrachtung dieses Bildes verändert hat. Sollte das Gefühl noch nicht neutral sein, so transformieren Sie auch Ihre damit in Verbindung stehenden Glaubensmuster. Bedenken Sie, dass mehrere Muster damit in Verbindung stehen könnten und stellen Sie sich dieselbe Frage daher so oft, bis Sie ein neutrales Gefühl haben!

- Angenommen, Sie befinden sich in einer Partnerschaft. Was wäre, wenn Sie sich zu einem anderen Menschen hingezogen fühlen würden und sich ein sexuelles Verlangen einstellt?
- Was wäre, wenn Sie sich in einen anderen Menschen verlieben würden?
- Was wäre, wenn Sie einen anderen Menschen mehr lieben würden?

- Was wäre, wenn Sie sich dafür entscheiden, Ihre Partnerschaft/Beziehung zu beenden?

Seien Sie unbesorgt, dies bedeutet nicht, dass Sie demnächst Ihre Beziehung beenden werden, ganz im Gegenteil. Sie haben nun Ihre Muster in diesem Bereich erkannt und transformiert, das bedeutet, dass Sie viel freier mit Ihren Gedanken und Gefühlen umgehen können. Sie sind deshalb auch nicht anfälliger dafür, sich in jemanden zu verlieben, doch sollte Ihr Märchenprinz oder Ihre Prinzessin plötzlich vor Ihnen stehen, wird Ihr Bewusstsein Ihrem Glück nicht im Wege stehen und alles wird sich harmonisch in die richtige Richtung entwickeln können. Es versteht sich von selbst, dass Sie auch den Umkehrschluss zulassen sollten und die Transformation der Ihnen nicht dienlichen Muster vornehmen.

- Was wäre, wenn sich Ihr Lebenspartner in jemand anderen verlieben würde?
- Was wäre, wenn Ihr Lebenspartner mit jemand anderen Sex haben würde?
- Was wäre, wenn Sie erkennen, dass Ihr Lebenspartner jemand anderen mehr liebt als Sie?
- Was wäre, wenn Ihr Lebenspartner Sie verlassen würde?

Haben Sie sich unmittelbar vor der Transformation auch so ohnmächtig gefühlt wie ich? Wenn Sie diese vollständig durchgeführt haben, dann sind Sie jetzt in der Lage, sich in diesem Fall sogar für Ihren Partner zu freuen. Für die meisten Menschen mag dies unvorstellbar sein, doch die Liebe kennt keine Grenzen und auch keine Ausschließlichkeit! Das Herz ist die bestimmende Größe unseres Lebens und ihm gilt es zu folgen. Doch um dies tun zu können, bedarf es der Beseitigung aller einschränkenden Muster und dies haben Sie in diesem Bereich ja bereits erfolgreich gemeistert.

<u>Singles:</u>

Haben Sie sich jemals gefragt, warum es so viele Singlehaushalte gibt und wozu das Singleleben überhaupt dient? Sofern Sie selbst Single sind, lohnt es sich hinter die Kulissen zu blicken, denn ein Single zu sein bedeutet, unbewusst eine Partnerschaft zu verweigern. Wir sind soziale Wesen, die darauf ausgelegt sind, zahlreiche Partnerschaften verschiedenster Art einzugehen und natürlich auch einen Partner für Herzensangelegenheiten zu haben. Tiefste Liebe empfindet man naturgemäß mit einem Partner, den man in sein Herz hat einziehen lassen. Die reine Liebe ist der wahre Grund für eine Herzens-Partnerschaft, doch verweigern viele diese aus den unterschiedlichsten Gründen.

Zumeist liegt der Grund darin, dass man mit seinem eigenen stressigen Leben nur schwer zurechtkommt und sich ohnmächtig fühlt, hier eine grundlegende Änderung herbeizuführen. Ein Partner würde nur für noch mehr Stress sorgen, die ständige innere Unruhe drückt auch eine gewisse Abneigung gegen sich selbst aus. Tief im Herzen wünschen sich Singles auch einen Partner, doch fühlen sie sich außer Stande, sich festzulegen und haben Angst, eine weitreichende Entscheidung zu treffen. Um Ihre persönlichen Beweggründe herauszufinden, warum Sie keinen Partner an Ihrer Seite haben, ist es zielführend, dass Sie sich diese Fragen stellen, um herauszufinden, was Ihnen Ihre Seele sagen möchte.

- Was wäre, wenn plötzlich Ihr Traummann oder Ihre Traumfrau vor Ihnen steht?
- Was wäre, wenn Sie jetzt entscheiden müssten, eine Partnerschaft einzugehen?
- Was wäre, wenn Sie jetzt entscheiden müssten, einen gemeinsamen Haushalt zu begründen?
- Was wäre, wenn Sie Ihr gesamtes Leben umstellen müssten, um für Ihren neuen Partner Platz zu schaffen?
- Was wäre, wenn Sie Gewohnheiten zugunsten eines Partners aufgeben müssten.

Haben Sie erkannt, warum Sie immer noch Single sind? Vielleicht wäre es auch dienlich, herauszufinden, warum Ihre Partnerschaften nicht gehalten haben, was die Gründe für die Trennung waren. Ich möchte Sie bei dieser Gelegenheit erinnern, dass es Ihnen absolut gar nicht dienlich ist, die Schuld bei Ihrem Ex-Partner zu suchen. Entscheidend ist, dass Sie die in Ihnen vorhandenen Gründe herausfinden. Dies gilt übrigens nicht nur für Singles, denn die meisten von uns haben Beziehungen hinter sich und die Gründe für die Trennung sind auf jeden Fall interessant! Stellen Sie sich dazu am besten Fragen wie diese:

- Was ist in Ihnen, das durch die Trennung(en) gespiegelt werden soll?
- Was spiegelt Ihnen das Verhalten Ihres Ex-Partners vor der Trennung?
- Was spiegelt Ihnen das Verhalten Ihres Ex-Partners, seit Sie sich getrennt haben?

Es gibt wahrscheinlich genau so viele Gründe für ein Single Dasein, wie es Singles gibt. Doch ist es wichtig zu erkennen, dass ein Partner nicht der Grund sein sollte, um etwas in seinem Leben aufzugeben, sondern ein Partner sollte Sie ergänzen, denn dafür sind Partner da! Solange Sie glauben, dass Sie Ihr Partner einschränkt, wird dies auch so sein. Wenn Sie aber der Meinung sind, dass ein Partner eine wertvolle Bereicherung Ihres Seins ist, so werden Sie schon bald eine liebevolle und reichhaltige Beziehung führen. Bei dieser Gelegenheit sollten Sie Ihre Bestellung aufgeben und Ihren Partner möglichst detailgenau beschreiben, damit die Lieferung prompt erfolgen kann. Seien Sie gründlich!

<u>Sexualität</u>:

Ein wahrlich heißes Thema, das sehr häufig zu starken Frustrationen auf beiden Seiten führt. Wenn der Sex nicht stimmt, dann ist das Ende der Partnerschaft häufig nahe. Doch das muss nicht sein, denn durch die Beseitigung Ihrer nicht dienlichen Überzeugungen und Ihr Liebesleben einschränkenden Erwartungshaltungen, bringen Sie neuen Schwung in Ihr Sexualleben. Selbst wenn dieses, wie ich für Sie hoffe, sehr erfüllt ist, werden Sie Transformationsbedarf erkennen.

- Was wäre, wenn Ihr Partner Ihre sexuellen Vorlieben ablehnen würde?
- Was wäre, wenn Ihr Partner häufiger oder weniger oft wie Sie Sex haben möchte?
- Was wäre, wenn Sie Ihren Partner sexuell nicht befriedigen könnten?
- Was wäre, wenn Ihr Partner Sie sexuell nicht befriedigen könnte?
- Was wäre, wenn Ihr Partner keinen Sex mehr mit Ihnen haben möchte?

<u>Freunde</u>:

Auch im Freundeskreis ist es wichtig, mögliche Szenarios gedanklich zu prüfen, um destruktive Glaubenssätze zu identifizieren.

- Was wäre, wenn sich Ihre Freunde von Ihnen abwenden und Ihnen die Freundschaft kündigen?
- Was wäre, wenn einer oder alle Ihre Freunde sterben würden?
- Was wäre, wenn Sie völlig vereinsamt leben müssten?

<u>Materielles</u>:

Wir hängen an so vielen Dingen, die uns tagtäglich begleiten und zu allen gibt es ein Abhängigkeitsverhältnis, das von negativen Gefühlen/Emotionen begleitet ist. Prüfen Sie daher wieder genau, welche Gefühle die einzelnen „was wäre wenn Szenarios“ in Ihnen auslösen und ermitteln Sie die dahinterstehenden Programme und transformieren Sie diese, damit die Ereignisse nicht stattfinden müssen! Sie werden dabei feststellen, dass damit erneut sehr häufig Abhängigkeit, Machtlosigkeit und Ohnmacht zum Ausdruck kommen. Das ist das Hauptproblem der Menschheit, weil wir mit so vielen Mustern übersät sind, die uns immer wieder ohnmächtig erscheinen lassen und dadurch unsere Schöpfermacht unterbinden. Zahlreiche, oft skurril wirkende Programme aus früheren Leben kommen dabei ans Tageslicht. Befreien Sie sich von der Ohnmacht und Sie werden sehr mächtig werden und Ihr Leben ganz nach Ihren Herzenswünschen selbst bestimmen.

- Was wäre, wenn Sie Ihr Auto hergeben müssten?
- Was wäre, wenn Sie Ihr Haus und/oder Ihre Wohnung hergeben müssten?
- Was wäre, wenn Sie Ihren gesamten Schmuck hergeben müssten?
- Was wäre, wenn Ihr Haus und/oder Ihre Wohnung abbrennen und Ihr gesamtes Hab und Gut unwiederbringlich verloren ginge und auch keine Versicherung dafür aufkommen würde?

Gehen Sie alle Details, die Sie besitzen, gedanklich durch. Es könnte sein, dass Sie zu dem einen oder anderen Gegenstand eine besondere Beziehung aufgebaut haben und diese gesondert belastet ist.

Geld:

Der Mangel an Geld ist weit verbreitet und die Frustration darüber ist bei vielen groß. Während die einen unter dem ständigen Mangel leiden, haben andere zwar genug davon, aber trotzdem sind sie unzufrieden. Für mich ist es immer wieder spannend, die jeweiligen Ursachen dafür zu ergründen und die Situationen zu erkennen, in denen diese Muster geschrieben wurden. Sehen wir uns zuerst den Mangel an Geld an:

- Was wäre, wenn Ihre Bank Ihr Konto sperrt, weil Sie Ihren Kontorahmen heillos überzogen haben, keine weiteren Bargeldbehebungen genehmigt und keine Überweisungen durchführt?
- Was wäre, wenn Sie morgen nicht mehr wüssten, womit Sie im Supermarkt bezahlen sollen?
- Was wäre, wenn Sie absolut gar kein Geld besitzen und über kein Einkommen verfügen würden?
- Was fühlen Sie, wenn Sie daran denken, für Geld arbeiten zu gehen?
- Was wäre, wenn Sie jemanden um einen größeren Geldbetrag bitten müssten?

Selbst wenn Sie heute über ausreichend Geld verfügen, dürften Ihnen diese Fragen einiges in Ihnen aufgezeigt haben, womit Sie bestimmt nicht gerechnet haben. Spannend wird es nun bei diesen Herausforderungen, denen Sie sich in aller Gründlichkeit stellen sollten:

- Was wäre, wenn Ihr gesamtes Vermögen inklusiver aller Wertpapiere und Altersvorsorgen plötzlich unwiederbringlich verloren wäre?
- Was wäre, wenn der Zufluss von Geld plötzlich zum Erliegen käme?
- Was wäre, wenn Ihr gesamtes Geld unwiederbringlich verloren oder gestohlen würde?
- Was wäre, wenn Ihr Partner Ihr gesamtes Vermögen ausgegeben, verspielt oder verschenkt hätte?
- Was wäre, wenn Sie Ihren gesellschaftlichen Status aus Geldgründen verlieren würden?
- Was empfinden Sie, wenn Sie ersucht würden, jemandem eine größere Geldsumme zu leihen?
- Was empfinden Sie, wenn jemand von Ihnen Geld geschenkt bekommen möchte?

Das liebe Geld ist ein sehr umfangreiches Thema und die damit in Verbindung stehenden Programmierungen sind wohl in keinem Lebensbereich zahlreicher. Auch wenn es vielleicht anstrengend erscheinen könnte, lohnt sich die Mühe, denn das Leben wird um ein Vielfaches lockerer und leichter.

Kinder:

Paare mit Kinderwunsch sollten sich unbedingt mit dem Szenario des Scheiterns konfrontieren und wenn die Versuche, schwanger zu werden, schon länger nicht fruchten, wäre es dienlich, zu überprüfen, welche Ängste und Sorgen mit dem Eintritt der Schwangerschaft bei beiden Partnern möglicherweise vorhanden sind.

- Was wäre, wenn eine Schwangerschaft trotz jahrelanger Versuche nicht zustande kommt?
- Was wäre, wenn sie jetzt die Nachricht bekommen würden, Vater/Mutter zu werden?

Üblicherweise sollten sie ein Glücksgefühl der besonderen Art vernehmen. Doch könnte es sein, dass sich gleich darauf andere Programme zeigen, die weit weniger erfreulich sind und auf Transformation warten. Wie oft ist es bereits vorgekommen, dass tief verankerte Ängste die freudige Nachricht überschatten? Um Ihnen diesen besonderen Moment nicht zu verderben, sollten Sie hier sehr gründlich vorgehen!

Innerhalb der Familie fällt das Loslassen besonders schwer. Zahlreiche Muster lassen uns krampfhaft festhalten und wir schnüren dadurch im Glauben, aus Liebe zu handeln, den Freiraum der Kinder stark ein. Der freie Wille eines Kindes sollte auf jeden Fall gewahrt bleiben. Eltern sind keine Erzieher, denn Kinder brauchen keine Erziehung, sondern Vorbilder. Wenn ein Kind ungezogen ist, dann spiegelt es lediglich die Programme der Eltern wider. Kinder brauchen einen Coach, der ihnen alternative Möglichkeiten aufzeigt und ihnen andere Sichtweisen anbietet, sie sollten aber immer noch selbst frei wählen können. Jeglicher Druck sollte möglichst unterlassen werden. Wenn Sie jetzt glauben, dass Ihnen dies unmöglich ist - denn Sie sind ja für die Entwicklung Ihrer Kinder verantwortlich - dann haben Sie bereits den ersten nicht dienlichen Glaubenssatz zum Ausdruck gebracht. Aber lassen Sie sich weiter überraschen, welche Programme noch in Ihnen ablaufen, die Sie das glauben lassen, indem Sie sich den folgenden Szenarios gedanklich aussetzen und fleißig transformieren. Danach wird es Ihnen deutlich besser gehen und Ihren Kindern auch.

- Was wäre, wenn Ihr Kind es ablehnt, eine Schule zu besuchen?
- Was wäre, wenn Ihr Kind es ablehnt, seine Hausaufgaben zu machen?
- Was wäre, wenn Ihr Kind es ablehnt, für Schularbeiten zu lernen?
- Was wäre, wenn Ihr Kind von der Schule nur schlechte Noten nach Hause bringt?
- Was wäre, wenn Ihr Kind diese Schulstufe aufgrund mangelhafter Leistungen wiederholen müsste?
- Was wäre, wenn Ihr Kind die Schulabschlussprüfung nicht schaffen würde?
- Was wäre, wenn Ihr Kind eine völlig andere Schule besuchen oder eine völlig andere Ausbildung machen möchte, als Sie vorgesehen haben?
- Was wäre, wenn Ihr Kind entscheiden würde, ins weit entfernte Ausland zu gehen, um eine Schule zu besuchen oder eine Ausbildung zu machen oder gar nichts zu tun?
- Was wäre, wenn Ihr Kind entscheidet, nicht bei Ihnen, sondern bei anderen Menschen, die möglicherweise weit weg wohnen, aufzuwachsen?
- Was wäre, wenn Ihr Kind drogenabhängig wäre?
- Was wäre, wenn Sie jetzt sofort Ihre Kinder für immer hergeben müssten und nie wieder sehen könnten?

- Was wäre, wenn Ihre Kinder entführt würden und Sie nicht wüssten, ob sie jemals lebend und unbeschadet zurückkehren?
- Was wäre, wenn Ihr Kind schwer oder sogar unheilbar erkrankt wäre?
- Was wäre, wenn Ihre Kinder, aus welchem Grund auch immer, sterben würden?

Zugegeben, diese und auch einige noch folgende Szenarios sind alles andere als angenehm zu betrachten und Sie können auch beruhigt sein, denn nur durch die gedankliche Beschäftigung alleine ist es ausgeschlossen, dass sich diese Ereignisse manifestieren. Man könnte diese Art von Arbeit auch als Lernen durch geistige Erkenntnis bezeichnen und diese löst das Lernen durch schmerzhafte Erfahrung ab. Seien Sie daher mutig und kreativ und gestalten Sie Ihre eigenen Szenarios, die Ihnen in den Sinn kommen und Sie keinesfalls erleben möchten. Es lohnt sich!

Sowie Sie in der Transformation Ihrer Glaubensmuster geübt sind, ist aus Ihnen ein wachsamer Beobachter geworden, der in allen Situationen rundum die Muster erkennen kann, die gerade gelebt werden. Sie werden große Freude daran haben und sich köstlich amüsieren. So verhält es sich auch bei den Kindern und vielleicht ist Ihnen bereits die Frage in den Sinn gekommen, ob man diese Technik auch bei Kindern anwenden kann und darf, oder ob dies ein manipulativer Eingriff wäre. Indem Eltern ihre persönlichen Muster transformieren, hören die Kinder auf, Spiegelflächen für ihre Eltern zu sein. Das macht das Leben für die Kinder deutlich einfacher, weil sie ihr Verhalten nach ihren eigenen Programmen auszurichten beginnen und nicht mehr Spiegelbild spielen müssen. Eltern wirken durch ihr Verhalten und das Ausleben ihrer Muster stark prägend für ihre Kinder, und indem Sie immer mehr frei von Zwängen sind und die Liebe verkörpern, werden Sie ein ideales Vorbild für Ihre Kinder. Das Spiel kehrt sich dann schnell um und die Erwachsenen dienen verstärkt als Projektionsfläche für die Programme, die die Kinder aus früheren Zeiten mit in dieses Leben gebracht haben. Ab einem

Alter von etwa acht Jahren leben die Kinder verstärkt ihre eigenen Muster aus und erfahren deren Wirkung. Ab diesem Alter sind sie auch in der Lage, das Grundprinzip des Lebens zu verstehen, wenn man mit ihnen darüber spricht. Sie werden feststellen, dass die Kinder sehr schnell durchschauen, wie das Spiel des Lebens abläuft und Sie werden sich wundern, wie schnell sie die Glaubenssätze erkennen können, die in ihnen wirksam sind.

Diese Technik ist auch für Kinder ein wundervolles Hilfsmittel, um ihre alten Muster beseitigen zu können. Die Transformation eines Glaubenssatzes kann ohnedies nur mit dem vollen Einverständnis eines Kindes stattfinden. Wenn das Kind nicht aktiv und mit positiver Absicht das Muster in seinem Herzen zur Transformation frei gibt, erfolgt auch keine Veränderung. Mit Druck und Zwang erreicht man gar nichts. Die Kinder werden ihre Muster selbst erkennen und fühlen können, dass diese nicht in der Liebe sind und dann auch bereit sein, die Veränderung selbst einzuleiten.

Kinder suchen Vorbilder und wie Eltern, Lehrer und andere Bezugspersonen bewusst vorleben, ein Schöpfer ihrer Lebensumstände zu sein, folgen die Kinder dem Beispiel sehr schnell. Es ist daher von allergrößter Wichtigkeit, dass ganz besonders diese Menschen über die aktive Bewusstseins-Programmierung Bescheid wissen. Für Eltern und Lehrer ist dieses Wissen von größter Wichtigkeit, damit sie in der Lage sind, die Kinder unterstützen zu können, ihr Leben selbstbewusst und aktiv zu gestalten. Spätestens in der zweiten Schulstufe sollte dies unterrichtet werden! Sowie es uns gelungen ist, dieses Wissen zu den Kindern zu tragen, kann diese Welt innerhalb von nur einer Generation vollständig verändert werden! Daher meine Aufforderung an Sie, diese Informationen an möglichst viele Menschen weiterzuleiten und ganz besonders alle Eltern und Lehrer darüber in Kenntnis zu setzen und damit zur aktiven Verbreitung einen überaus wertvollen Beitrag zu leisten.

Körperliches Wohlergehen:

Der Körper ist uns besonders wichtig, da wir uns fälschlicherweise überwiegend mit diesem identifizieren. Sein Wohlergehen liegt uns besonders am Herzen. Doch ist der Körper der Teil, über den sich die Seele zum Ausdruck bringt und sehr viele körperliche Symptome und Erscheinungen sind auf ungehörte/unbeachtete Botschaften der Seele zurückzuführen. Daher lohnt es sich ganz besonders, die folgenden Szenarios auf sich wirken zu lassen.

- Was wäre, wenn Sie schwer erkrankten?
- Was wäre, wenn Sie sich bei einem Umfall schwer verletzten?
- Was wäre, wenn Sie unheilbar krank würden?
- Was wäre, wenn Sie krankheitsbedingt Ihren Beruf aufgeben müssten?
- Was wäre, wenn Sie ein Pflegefall würden?
- Was wäre, wenn Sie gesundheitsbedingt auf Sport und Ihre Hobbys verzichten müssten?
- Was wäre, wenn Sie eine dauerhafte Lähmung oder eine andere schwere Behinderung erführen?
- Was wäre, wenn Sie den Rest Ihres Lebens im Bett verbringen müssten?
- Was wäre, wenn Sie erführen, dass Sie nur noch wenige Tage zu leben haben?

Die körperliche Gesundheit ist der eine Teil, doch Ihr Wohlergehen könnte noch von vielen anderen Situationen bedroht sein.

- Was wäre, wenn Ihre Grundbedürfnisse nicht mehr erfüllt werden könnten und Sie hungern müssten?
- Was wäre, wenn Sie obdachlos wären?
- Was wäre, wenn Sie vollkommen nackt wären?
- Was wäre, wenn Sie unabwendbar körperlicher Gewalt ausgesetzt wären?

- Was wäre, wenn Sie sexuell missbraucht würden?
- Was wäre, wenn Sie sich in einer Situation befänden, in der Sie von jemandem ausweglos mit dem Tode bedroht würden?

Frühere oder aktuelle Erkrankungen oder Unfälle sind natürlich ebenso ein willkommener Anlass, um zu hinterfragen, was Ihre Seele dadurch erreichen möchte und welche Spiegelungen Sie im Vorfeld übersehen haben. Fragen Sie folgendermaßen:

- Welche Glaubensmuster sollte ich durch diese Krankheit bzw. diesen Unfall erkennen?

Wenn Sie mit Ihrem Ess- und Trinkverhalten unzufrieden sind und sich aufgrund von gewissen Gewohnheiten der eine oder andere Schwimmreifen um die Hüften gebildet hat, dann können Sie sich die Frage stellen:

- Was ist in mir, das mich dazu veranlasst, dieses Ess- oder Trinkverhalten an den Tag zu legen?

Die funktioniert außerdem auch bei allen anderen Gewohnheiten, die Sie gerne ablegen möchten. Die Zeit der erfüllten Neujahrsvorsätze ist damit angebrochen. Sie brauchen nur die richtige Frage zu stellen und Ihre Muster transformieren. Wenn Sie so wie ich gerne Süßigkeiten essen, dann könnte unter anderem die Transformation dieses Glaubenssatzes Abhilfe schaffen:

- Das Leben ist zu hart, um auf Zucker zu verzichten

Prüfen Sie auch, welche Belohnungen Sie sich zuteil werden lassen und wofür Sie glauben, sich belohnen zu müssen. Dann geht´s gleich viel leichter und die Pfunde beginnen zu schwinden.

Emotionales Wohlergehen:

Sind Sie wirklich glücklich? Sind Sie in allen Lebensbereichen voll und ganz glücklich, oder fehlt Ihnen etwas, um glücklich zu sein? Sollten Sie geneigt sein zu antworten, dass Sie zufrieden sind, dann lasse ich dies als Antwort auf meine Fragen nicht gelten, denn es gibt einen gewaltigen Unterschied zwischen Zufriedenheit und dem glücklich Sein. Zufrieden sein bedeutet Mittelmaß und man ist auch ganz schnell wieder unzufrieden. Geben Sie sich niemals mit dem Erreichten zufrieden, es geht immer deutlich besser und vieles mehr ist möglich. Nach dem höchsten Wohl sollten Sie streben! Daher empfehle ich Ihnen, sich diese Fragen zustellen:

- Was ist in mir, das mich daran hindert, vollkommen glücklich zu sein?
- Was hindert mich, pure Lebenslust zu verspüren?

Sie können diese Frage auch auf einzelne Lebensbereiche beschränken, um nicht gleich mit zu vielen Mustern konfrontiert zu werden.

Politik, Wirtschaft:

Nicht nur Ereignisse im persönlichen Bereich sind Spiegelbilder, auch unser weiteres Umfeld zeigt uns unsere Programmierungen auf. Unsere Meinung über das Geschehen in der Welt wird ebenso durch unsere inneren Überzeugungen bestimmt. Und je genauer wir die Spiegelbilder betrachten, die uns auf nationaler, kontinentaler und globaler Ebene begegnen, umso eher erkennen wir auch die Ursachen für die fehlgeleitete Entwicklung unserer Welt. Um herauszufinden, was in Ihrem Bewusstsein verankert ist, das möglicherweise diese Entwicklungen unbewusst unterstützt, sollten Sie sich diese Fragen stellen:

- Was wäre, wenn Ihr Heimatland in einen Krieg verwickelt wäre?
- Was wäre, wenn Sie zum Kampfeinsatz an der Front einberufen würden?

- Was wäre, wenn Ihr Heimatland feindlich übernommen und an einen mächtigeren Staat angeschlossen und dadurch nicht mehr existieren würde?
- Was wäre, wenn Ihr Land zu einer Diktatur und die Freiheit des Volks drastisch eingeschränkt würde?
- Was wäre, wenn Sie ungerechtfertigt verurteilt und für lange Zeit ins Gefängnis gesperrt würden?
- Was wäre, wenn die Politik die Steuern und Abgaben vervielfachen würde?
- Was wäre, wenn die Politik die Sozialleistungen vollständig einstellen würde?
- Was wäre, wenn Ihr Land zahlungsunfähig wäre und seinen Verpflichtungen nicht mehr nachkommen könnte?
- Was wäre, wenn die Lebensmittelpreise sich verfünffachten und Sie sich den Einkauf im Supermarkt nicht mehr leisten könnten?
- Was wäre, wenn der Treibstoff für Ihr Auto so teuer wäre, dass Sie sich das Autofahren nicht mehr leisten können?
- Was wäre, wenn Sie Ihre Kollegen am Arbeitsplatz mobben und aus dem Unternehmen hinausekeln möchten?
- Was wäre, wenn Ihr Dienstvertrag mit Ihrem Arbeitgeber jetzt in diesem Moment fristlos gekündigt würde?
- Was wäre, wenn das Finanzsystem vollständig zusammenbrechen, die Wirtschaft kollabieren würde und dadurch sämtliche Aktien, Wertpapiere sowie alles Geld der Welt seinen gesamten Wert unwiederbringlich verliert?

<u>Natur</u>:

Auch die Ereignisse in der Natur sind ein Spiegelbild, das wir uns genau ansehen sollten. Wenn Naturkatastrophen passieren, dann wurden diese entweder durch uns direkt verursacht oder sie dienten dazu, uns etwas aufzuzeigen, das verändert werden sollte. Wenn ein Land von einer größeren Katastrophe heimgesucht wird, so wäre es mehr als dienlich zu überprüfen, welches Muster kollektiv in der gesamten Bevölkerung vorhanden ist, das dazu geführt hat, dass dieses Ereignis stattgefunden hat. Als Beispiel möchte ich das verheerende Erdbeben und den anschließenden Tsunami in Japan anführen, die ganze Landstriche verwüstet und die Atomkraft-Katastrophe von Fukushima ausgelöst haben.

Kaum ein Volk der Erde ist von der Atomkraft so abhängig wie dieses Land. Das japanische Volk sollte stellvertretend für alle Staaten, die Atomkraftwerke betreiben, ihre Abhängigkeit und Ohnmacht über die folgenden Muster erkennen und transformieren:

- Das Energieproblem der Menschheit ist unlösbar
- Die ganze Welt braucht Strom aus Atomkraftwerken, ansonsten ist die Wirtschaft nicht aufrecht zu erhalten

Sie fragen sich vielleicht, wie es sein kann, dass die beiden Glaubenssätze auch in Ihnen auf Resonanz stoßen, wo Sie doch von Ihrem Verständnis her ganz anderer Meinung sind? Der Hintergrund ist der, dass wir programmiert wurden, dieses Mal jedoch nicht vor Urzeiten bei unserer Erschaffung, sondern durch gezielte Manipulation mittels wiederholter bewusster Falschinformation. Hinterfragen Sie daher absolut alles, was Ihnen von Politik, Wirtschaft und Wissenschaft als unumgänglich und angeblich wahr aufgetischt wird, denn dies neigt dazu, in Ihrem Bewusstseinsfeld abgespeichert zu werden, ohne dass Sie es bemerken. Was glauben Sie, warum sich die Politiker ebenso wie die Werbestrategen so häufig auf wissenschaftliche Untersuchungen und Studien beziehen? Diese erwecken den Anschein, dass die Aussagen der Wahrheit entsprechen. Doch tun sie das wirklich oder könnte es sein, dass die Interessen der Nutznießer in die Studienergebnisse einfließen? In zahlreichen Ländern gibt es öffentliche Förderungen für die Forschungsarbeiten an Universitäten und für andere wissenschaftliche Bereiche, könnte es vielleicht der Fall sein, dass die Politik da und dort unter dem Deckmantel der Förderung gerne Geld gibt, um die Darstellung der Ergebnisse ihren Interessen anzupassen? Wenn Sie genau hinsehen, stoßen Sie in nahezu allen Bereichen unseres Lebens auf Manipulation. Also seien Sie vorsichtig und prüfen Sie alles in Ihrem Herzen auf seinen Wahrheitsgehalt und finden Sie heraus, was die wahre Absicht dahinter ist.

In Japan wurden im ersten Schock nach der Katastrophe die Atomkraftwerke abgeschaltet. Der enorme Durst nach Energie hat jedoch nach nicht allzu langer Zeit dazu geführt, dass verdrängt wurde, was passiert ist und nun sind Atom-Meiler wieder aktiv und die damit verbundenen Gefahren ebenso. Im Wesentlichen wurde die Chance zu erkennen und gegenzusteuern nicht genutzt. Die Ereignisse um Fukushima sollten auch für die gesamte Menschheit eine Lehre sein. Sie zeigen uns eine uralte Programmierung auf, die uns erneut unsere Machtlosigkeit und Ohnmacht vor Augen führt.

- Die ganze Welt wird vom Menschen beherrscht

Die Aufgabe in unserem Leben ist nicht, die Erde zu beherrschen, sondern uns über diese Erfahrungsebene zu erheben. Dies ist ein feiner, aber entscheidender Unterschied und das Kollektiv Menschheit lernt, die Materie zu meistern. Der wesentliche Bestandteil dabei ist die Weiterentwicklung unseres Bewusstseins, damit wir beginnen, nur noch aus Weisheit zu handeln.

Kreieren Sie selbst weiter Szenarios, um herauszufinden, welche Programme sonst noch in Ihnen Schlummern, die Ihnen das Leben unnötig schwer machen! Gehen Sie auf möglichst alle Bereiche Ihres Lebens der Reihe nach ein und erkennen Sie, was es in Ihnen auslöst, wenn Sie diesen Bereich mit allen seinen Details vollständig loslassen müssten! Folgen Sie Ihren Ängsten und ergründen Sie, was sie Ihnen sagen möchten!

Heilung von Beziehungen

Wir alle haben unzählige Inkarnationen absolviert und sind in jedem dieser Leben zahlreiche Beziehungen eingegangen. Einige davon waren weniger harmonisch und wir sind uns darauf in weiteren Leben wieder begegnet, um frühere Ereignisse abzuarbeiten und die Freiheit von karmischen Verbindungen zu erlangen. So verbindet uns auch in diesem Leben wieder vieles mit den Menschen in unserem Umfeld. Zu manchen fühlen wir uns sehr hingezogen und die Beziehung verläuft harmonisch. Bei anderen spüren wir unterbewusst eine gewisse Abneigung oder eine emotionale Belastung, ohne die wahren Ursachen dafür zu kennen. Das Ziel ist die Heilung aller früheren Ereignisse, die noch Auswirkungen auf dieses Leben haben. Sowie alle Verletzungen geheilt sind und jegliche Glaubensmuster, die in Verbindung mit negativen Gefühlen und Emotionen abgespeichert wurden, erkannt und transformiert sind, steht einem harmonischen Miteinander nichts mehr im Wege. Bedenken Sie, dass Sie neben Ihren früheren und aktuellen Lebenspartnern mit Ihren Freunden und engeren Arbeitskollegen, sämtlichen Familienmitgliedern inklusive Ihrer Kinder, Enkelkinder, Neffen und Nichten, Cousins und Cousinen mit hoher Wahrscheinlichkeit aus früheren Leben eine Verbindung haben, die möglicherweise noch geheilt werden möchte.

Es gibt eine einfache Möglichkeit, dies herauszufinden. Fragen Sie Ihre Seele und bitten Sie darum, die Szenen bewusst gemacht zu bekommen, die auf Heilung warten. Die Frage lautet:

Was verbindet mich mit diesem Menschen, das nicht in der Liebe ist?

In weiterer Folge gehen Sie genau gleich vor, wie in der bereits zuvor vorgestellten Reise ins Unterbewusstsein. Schreiten Sie erneut die Treppe in Ihr Innerstes hinab und lassen Sie sich die Szene hinter der Türe zeigen. Hier nochmals der Weg in Kurzform:

- Konzentrieren Sie sich auf die unangenehmen Wahrnehmungen, die der Gedanke an diesen Menschen in Ihnen auslöst! Geben Sie dem Gefühl Raum und nehmen Sie es für einige Sekunden wahr!
- Bitten Sie Ihre Seele darum, Ihnen Zugang zu Ihrem Unterbewusstsein zu gewähren, um erkennen zu können, welche Ereignisse mit dieser Person noch nicht geheilt sind!
- Stellen Sie sich eine nach unten führende Treppe mit zehn Stufen vor und zählen Sie beim Hinabsteigen von zehn rückwärts, bis Sie unten vor einer geschlossenen Türe angekommen sind.
- Öffnen Sie die Türe und beobachten Sie die Szene, die Ihnen gezeigt wird, bis Sie verstanden haben, worum es dabei geht!
- Sprechen Sie den folgenden Satz, um die Transformation/Heilung durchzuführen!

Ich nehme diese Situation und alles, was bewusst oder unbewusst damit in Verbindung steht und gebe dieses samt allen negativ belasteten Glaubenssätzen, die dabei gebildet wurden, in meinem Herzen zur Transformation frei.

- Beobachten Sie die Szene, ob sie jetzt harmonisch oder gar verschwunden ist!
- Schließen Sie die Türe und drehen Sie sich um!
- Gehen Sie die Treppe wieder nach oben und zählen sie dabei bei eins beginnend jeden Schritt, bis Sie bei zehn wieder oben im Hier und Jetzt angekommen sind.

Es wäre möglich, dass es mehrere Szenen mit dieser Person gibt, die geheilt werden möchten. Fragen Sie Ihre Seele, ob Sie noch etwas mit diesem Menschen verbindet, das nicht in der Liebe ist. Sie werden nach getaner Arbeit sofort bei der nächsten Begegnung feststellen, dass Sie diesen Menschen anders wahrnehmen und dabei Ihr Herz weit geöffnet ist und bleibt.

Ich schließe dieses Kapitel mit einem wundervollen Zitat aus dem mit sechs Oskars prämierten Film „Cloud Atlas“ mit Tom Hanks und Halle Berry in den Hauptrollen:

„Unsere Leben gehört nicht uns alleine. Von der Wiege bis zur Bare sind wir mit anderen verbunden, in Vergangenheit und Gegenwart. Und mit jedem Verbrechen und jedem Akt der Güte erschaffen wir unsere Zukunft.“

Heilung von traumatisierenden Ereignissen

Die meisten Programme in uns, die sich negativ auf unser Leben auswirken, wurden im Zuge von psychisch und/oder körperlich schmerzlichen Erfahrungen geschrieben. Bei besonders starken psychischen Erschütterungen kann es dazu kommen, dass der Betroffene nicht in der Lage ist, das Ereignis vollständig zu verarbeiten. Auch wenn es von Außen oftmals nicht zu erkennen ist, und ein Ereignis als harmlos einzustufen ist, kann das innere Erleben eines Ereignisses für den betroffenen Menschen schwer traumatisierend sein. Kriegserfahrungen, sexueller Missbrauch, Naturkatastrophen, Unfälle mit zahlreichen Opfern, Todesfälle geliebter Menschen usw. sind einige Beispiele, die häufig dazu führen, dass die Betroffenen jahrelang in psychologischer Behandlung stehen. Ein Trauma bildet sich häufig auch bei weitaus weniger belastend wirkenden Erlebnissen. Viele davon ereignen sich bereits im Kleinkindalter, wenn sich die Eltern streiten, ein Kind unbeachtet bleibt, obwohl es schon längere Zeit weint und lautstark nach seinen Eltern ruft oder mit einem Arzt alleine gelassen wird und nicht weiß, was jetzt kommt. Sehr viele Menschen leiden unter den Folgen tiefer psychischer Wunden, die Folgewirkungen auf deren Leben haben. Den meisten Betroffenen ist gar nicht bewusst, dass sie ein Trauma erlitten haben. Erst wenn eine Situation im Leben eintritt, die ähnliche Gefühle auslöst, meldet sich das innere Programm lautstark zu Wort und zeigt sich durch entsprechend schmerzhafte Gefühle mit hoher Intensität.

Sie erinnern sich an das zuvor angeführte fiktive Beispiel des Einbrechers, der Ihre Familie ermordet hat? Damit Sie jemals wieder froh werden können und ein freudvolles Leben führen können, muss dieses Trauma geheilt werden. Wie Sie bereits wissen, ist die Vergebung das mächtigste Werkzeug dazu, doch es braucht oftmals ein Hilfsmittel, um ein Trauma vollständig zu heilen.

Vielleicht sind Sie sogar selbst davon betroffen oder kennen jemanden, der in bestimmten Situationen Verhaltensmuster

zeigt, die auf eine Verletzung hinweisen. Angststörungen verschiedenster Art sind ebenso häufig anzutreffen. Höhenangst, Platzangst, Angst vor Spinnen und anderen Tieren, sowie Panikattacken verschiedenster Art sind weit verbreitet. Sehr häufig absolvieren solche Patienten langwierige Therapien und werden mit Antidepressiva behandelt. Ich möchte Ihnen jedoch eine sehr einfache und sofort wirkende alternative Möglichkeit vorstellen, mit der in allen Fällen, die mir bisher begegnet sind, das Trauma innerhalb weniger Minuten und nachhaltig geheilt werden konnte.
Nachdem ein Trauma auch nichts anderes ist als ein inneres Programm, kann auch dieses entsprechend verändert werden. Aufgrund der starken emotionalen Belastung bedarf es einer Vorgangsweise, um die traumatisierte Person dem psychischen Schmerz nicht zu sehr aussetzen zu müssen. Es ist empfehlenswert, sich bei der Heilung eines besonders intensiven Traumas oder Angststörung von jemandem führen zu lassen. Wenn Sie als Coach fungieren möchten, dann gehen Sie dabei wie folgt vor:

Der Betroffene erinnert sich an das traumatisierende Ereignis und fühlt, was das damalige Geschehen in ihm auslöst. An dieser Stelle machen wir vorerst Halt. Sie fordern die Person auf, sich vor ihrem geistigen Auge eine Zauberkiste oder ein anderes flexibles Gefäß vorzustellen. Die Besonderheit dieses Gefäßes ist die, dass darin absolut alles Platz findet, egal wie viel hineingegeben wird. Sowie der Betroffene dieses Gefäß vor Augen hat, kehrt er zurück zur Erinnerung an die traumatisierende Situation und lässt alles, was bewusst mit dieser Situation in Verbindung steht, aus seinem Körper heraus in diese Kiste hineinfließen. Es ist dabei nicht von Bedeutung, was alles in die Kiste fließt, es ist auch nicht erforderlich, alles wahrzunehmen, worum es sich handelt. Wichtig ist nur, dass eine Art Fluss aus dem Körper heraus und in die Kiste hineinzufließen beginnt und eben alles bewusst damit in Verbindung stehende in die Zauberkiste wandert. Die Seele weiß, was zu tun ist. Wichtig ist, dass die Konzentration dabei ohne abzuschweifen auf die besagte Situation gehalten bleibt. Wie lange es dauert, bis der Strom von selbst endet, hängt von der Intensität und Komplexität des Ereignisses ab. Wundern Sie sich nicht, wenn der Vorgang einige Minuten in Anspruch nimmt und es sollte auf jeden Fall solange gewartet werden, bis der Strom in Richtung Kiste von selbst vollständig aufhört. Die Wahrnehmung dieses Flusses kann rein visuell vor dem geistigen Auge oder auch nur auf der Gefühlsebene ablaufen. Häufig ist beides der Fall. Während alles bewusst damit in Verbindung stehende in Richtung Gefäß fließt, nimmt die emotionale Belastung durch das Ereignis ständig ab und sobald der Strom von selbst aufgehört hat, kommen wir zum nächsten Schritt.

Die traumatisierte Person hält ihre Konzentration weiterhin auf das Ereignis gerichtet; das negative Gefühl ist mittlerweile durch die bereits geleistete Arbeit deutlich schwächer geworden. Nun geht es darum, auch alles in das Gefäß / die Kiste hineinfließen zu lassen, das unbewusst mit der Situation in Verbindung steht. Jetzt beginnt der Fluss aus dem Körper in die Kiste hinein von neuem. Warten Sie wieder, bis der Strom von selbst zum Erliegen kommt. Ist dies der Fall, überprüfen Sie, ob es noch den einen oder anderen Nachzügler gibt, der bewusst oder unbewusst damit in Verbindung steht und auch noch in die Kiste hinein möchte. Sobald dies geschehen ist, kommen wir zum großen Finale.

Es geht nun darum, den Inhalt der Zauberkiste zu transformieren und dieser Vorgang ist ganz besonders wichtig, damit die freigewordenen Energien in positiver Weise dem Betroffenen wieder zugeführt werden können. Nachdem die meisten Menschen an Schutzengel glauben, dürfte das folgende Ritual für so gut wie alle problemlos annehmbar sein. Fordern Sie Ihren Klienten auf, sich auf den Inhalt der Kiste zu konzentrieren und Ihnen folgende Sätze laut nachzusprechen:

- Geliebte Engel, liebe Begleiter,
- Ich möchte dies in Licht und Liebe auflösen und alle Verbindungen damit durchtrennen.

- Es ist mir ein großes Anliegen, dass alle Anteile, sowohl die meines Herzens, als auch die meiner Seele, zu mir zurückkehren.
- Ich gebe allen Aspekten auch ihre Herz- und Seelenanteile zurück.
- Ich vergebe mir, ich vergebe dir und bedanke mich dafür, dass sich alles sofort in Licht und Liebe transformiert.
- Ich vergebe dir und bitte auch für mich um Vergebung, damit alles, was jemals mit uns in Verbindung stand, in Licht und Liebe transformiert werden kann.
- Alle sind frei und alle bleiben frei für immer und ewig.
- Dies ist hiermit vergeben.
- Danke für die Unterstützung!

Sobald die Worte des Rituals vollständig gesprochen wurden, beginnt sich der gesammelte Inhalt der Kiste zu transformieren. Häufig nehmen die zuvor noch traumatisierten Menschen diese Umwandlung und das Aufsteigen der positiven Energie visuell und/oder gefühlsmäßig deutlich wahr. Der Effekt ist der, dass mit sofortiger Wirkung das Trauma bzw. die Angststörung für immer beseitigt ist. Dies kann überprüft werden, indem der Betroffene sich erneut an die Situation, in der das Trauma entstanden ist bzw. sich die Angststörung zeigt, zurückerinnert und seine Gefühlswahrnehmung überprüft. Ist das Gefühl neutral, dann ist alles gut! Diese Methode kann in zahlreichen Fällen sofort zur Heilung führen. Meine bisherige Erfolgsquote liegt damit bei 100 Prozent. Diese Möglichkeit sollte Sie jedoch von einem Gespräch mit einem Facharzt nicht abhalten.

Der Weg zum Erfolg

Wir haben uns bisher überwiegend mit der Transformation jener Muster beschäftigt, die nicht in der Liebe sind. Wenn Sie alle bisherigen Aufgaben bereits erfüllt haben, dann gratuliere ich Ihnen dazu, denn Sie haben Großartiges geleistet und eine grundlegende Veränderung in Ihrem Leben erreicht. Ihr Umfeld wird außerordentlich positiv auf Sie reagieren und Ihre Veränderung deutlich wahrnehmen, auch wenn den Menschen nicht bewusst sein wird, was an Ihnen jetzt anders ist, werden Sie auf jeden Fall mehr geschätzt werden als je zuvor. Sie haben dafür gesorgt, dass die Dramen in Ihrem Leben von nun an ausbleiben und alles viel harmonischer als bisher ablaufen kann.

Belastete Programme zu entfernen ist der eine Teil der Aufgabenstellung und sobald dies abgeschlossen ist, kommen wir zum deutlich angenehmeren Teil der aktiven Bewusstseinsprogrammierung. Sie fragen sich vielleicht, ob es denn überhaupt möglich ist, sich selbst auf die Erreichung seiner Lebensziele zu programmieren? Ist es möglich, sich selbst z.B. auf wirtschaftlichen Erfolg zu programmieren? Die Grunderkenntnis ist die, dass jeder, der in der Liebe ist, automatisch auf ein erfülltes Leben programmiert ist. Es bedarf daher keiner gesonderten Programmierung, um Erfolg haben zu können, denn niemand ist vom Grundsatz her auf Misserfolg gepolt. Das bedeutet, dass Sie nur alle Programmierungen entfernen müssen, die dem Erfolg hinderlich sind und wenn Sie dies geschafft haben, ist der Erfolg unausweichlich! Sie können sich durch bewusst gesetzte Muster verstärkt fokussieren und Projekte in individuellen Lebensbereichen auf eine einfache Art und Weise unterstützen. Vom Prozess her funktioniert dies ebenso schnell und einfach, wie die Transformation eines Glaubenssatzes.

Ihre persönlichen Lebensziele werden sich von den meinen mit hoher Wahrscheinlichkeit unterscheiden, und nachdem ich Ihre Ziele nicht kenne, obliegt es Ihnen selbst, zu definieren, worauf Sie sich programmieren möchten. Ich biete Ihnen an dieser Stelle Bereiche und Programmierungen an, die jedem

Menschen dienlich sein können. Das Schönste und das am meisten Erfüllung bringende im Leben ist, seinem Herzen zu folgen und nur noch das zu tun, was man von Herzen gerne tut und auch die Stärke zu haben, alles andere von sich zu weisen und sich von allen Abhängigkeiten, die das verhindern, zu lösen. Diese Programmierung ist der Schlüssel dazu:

Neuer Glaubenssatz: Ich folge meinem Herzen.
Gefühl: Liebe; **Emotion**: Allumfassende, bedingungslose Liebe

Um dies jedoch vollständig umsetzen zu können, müssen alle entgegenstehenden Muster beseitigt werden. Eines davon entspringt unserer Grundprogrammierung und lautet:

- Ich kann nicht meinem Herzen folgen

Prüfen Sie mit Ihrer Seele, ob in Ihnen ein weiteres Muster vorhanden ist, das ein Leben aus dem Herzen verhindern könnte. Stellen Sie dazu diese Frage:

- Was ist in mir, das mich daran hindert, meinem Herzen zu folgen?

Vielen Menschen fällt es schwer, ganz bei der Wahrheit zu bleiben, auch wenn es anderen vielleicht nicht gefallen mag. Die Wahrheit zu erkennen, ist eine wichtige Grundvoraussetzung, um auch Wahrheit sprechen zu können. Ihr Herz ist die Quelle der Wahrheit und an diesem Ort werden Sie sofort Illusion und Manipulation von der Wahrheit unterscheiden können. Um ein erfülltes Leben führen zu können, bleibt Ihnen nichts anderes übrig, als regelmäßig in Ihr Herz zu gehen und dort alles auf seinen Wahrheitsgehalt zu überprüfen und Ihr Denken und Handeln auf die Liebe auszurichten. Hier die Grundlage dazu:

Neuer Glaubenssatz: Nur in meinem Herzen finde ich die Wahrheit.
Gefühl: Liebe; **Emotion**: Allumfassende, bedingungslose Liebe

Um leichter verstehen zu können, wie wir Menschen funktionieren und was es mit unserem Bewusstsein auf sich hat, vergleiche ich uns gerne mit einem Computer. Unser Wachbewusstsein ist wie der Arbeitsspeicher eines Computers, der im Verhältnis zur Festplatte relativ wenig Kapazität hat und auch öfters an seine Grenzen stößt. Das Unterbewusstsein hingegen ist wie eine riesengroße Festplatte, auf der absolut alles abgespeichert ist. Doch um an die Daten auf der Festplatte zu kommen, müssen diese in einem bestimmten Zusammenhang angesprochen werden. Erst wenn eine Situation eintritt, in der die Daten gefragt sind, werden sie in den Arbeitsspeicher geladen. Von selbst zeigen sie sich nicht. Und selbst wenn sie hochgeladen wurden, nehmen wir überwiegend nur die damit abgespeicherten Gefühle wahr. Unsere Gefühle sind der Wegweiser zu den Programmierungen auf der Festplatte. Das höchste Ziel des Lebens ist, aus Weisheit zu handeln. Weisheit ist jedoch etwas, das über uns selbst hinausgeht und alles mit einschließt. Aus der Sicht der Weisheit betrachten wir nicht nur unser eigenes Wohlergehen, sondern immer das Wohl allen Lebens. Die Weisheit vergleiche ich daher gerne mit einem Computerspezialisten, der die Funktion aller Komponenten eines Computers inklusive Betriebssystem und allen Programmen bis ins letzte Detail versteht und das Zusammenspiel aller Computer im weltweiten Netzwerk überblickt.

Die Transformation negativ belasteter Programmierungen ist vergleichbar mit der Defragmentierung der Festplatte, die durch den Computerspezialisten bewusst durchgeführt wird. Dabei werden die Teilfragmente der gespeicherten Daten neu sortiert und geordnet und wie bei einem Frühjahrsputz geht dieser Vorgang mit einer Entrümpelung einher. Sie selbst haben es in der Hand, zu entscheiden, wer Ihr Leben bestimmt. Gestatten Sie Ihrem begrenzen Arbeitsspeicher, dem das Ego zugeordnet ist, Macht über Ihr Leben zu haben, und/oder erlauben Sie den von Gefühlen gesteuerten Impulsen aus Ihrem Unterbewusstsein, was in Ihrem Leben passiert, oder geben Sie der alles überblickenden Weisheit aus Ihrem, über sich selbst ausgedehnten Herzen die Kontrolle über Ihr Leben!

Mit welcher der drei Optionen werden Sie auf Dauer wohl den größten Erfolg haben und die größtmögliche Erfüllung finden? Indem Sie Ihr Bewusstsein aktiv programmieren, handeln Sie aus Weisheit, denn jedes Programm, das Sie in Ihr System einbringen, wird von Ihrer Seele geprüft. Sie lässt nur Programme zu, die den Grundprinzipien der Liebe entsprechen. Alle anderen Programmierungsversuche werden zurückgewiesen. Um sich auf Erfolg programmieren zu können, ist es erforderlich, den Blickwinkel der Weisheit einzunehmen und genau zu prüfen, ob das Ziel aus der Sicht des Herzens überhaupt erstrebenswert ist und durch die Zielerreichung auch niemanden benachteiligt.

Viele Klienten, die zu Einzel-Coachings kommen, haben Schwierigkeiten, ihre Gefühle wahrzunehmen. Sie scheinen von diesen weitgehend abgeschnitten zu sein und sie irgendwo weggesperrt zu haben. Das Fühlen an sich ist naturbedingt eine eher weibliche Angelegenheit und daher ist dieses Phänomen bei Männern noch stärker verbreitet als bei Frauen. Ich musste meine Wahrnehmung auch über einen längeren Zeitraum regelmäßig trainieren, um wieder Klarheit zu haben, was ich im Augenblick überhaupt fühle. Denn eines steht fest, dass wir in jeder Sekunde etwas fühlen. Doch haben wir verlernt, dies wahrzunehmen. Es spielt sicherlich eine Rolle, welche einschneidenden Erlebnisse der Einzelne hatte und ob seine Gefühlswelt davon besonders schmerzhaft betroffen war oder nicht.

Unsere Wahrnehmung musste aus Selbstschutz eingeschränkt werden, da wir ansonsten die zahlreichen negativen Ereignisse, die uns emotional stark belastet haben, nicht hätten ertragen können. Wir waren förmlich gezwungen, unsere Gefühlswelt immer weiter zurückzudrängen. Doch jetzt kommt die Gelegenheit, dies rückgängig zu machen. Wir haben mächtige Glaubenssätze gebildet, um das zu ermöglichen. Hier sind die am häufigsten präsenten Muster, die uns davon abhalten, unser Gefühlsleben reichhaltig zu gestalten. Prüfen Sie, welche davon in Ihnen existieren und welche darüber hinaus eventuell noch vorhanden sind.

- Niemand darf mir meine Gefühle zu sehr vor Augen führen
- Ich darf meine Gefühle niemals wiedererlangen, das Leben ist zu schrecklich
- Das Leben besteht aus Hass. Niemals will ich das wieder fühlen
- Niemand darf mich jemals mit meinen Gefühlen in Berührung bringen

Generell ist zu bemerken, dass wir Menschen meilenweit davon entfernt sind, alles wahrzunehmen, was für uns grundsätzlich wahrnehmbar wäre. Jeder, der sich mehrmals wöchentlich fünf Minuten Zeit nimmt, um seine Wahrnehmung zu trainieren, der wird mehr als reich dafür belohnt. Wir alle haben diese Fähigkeit, sie verlangt nur mehr Aufmerksamkeit und etwas Training. Diese Programmierung unterstützt den Wiedereinstieg in den emotionalen Reichtum:

Neuer Glaubenssatz: Ich nehme alle meine Gefühle und Emotionen wahr und erlaube mir, diese zu leben und zum Ausdruck zu bringen.
Gefühl: Liebe; **Emotion**: Allumfassende, bedingungslose Liebe

Im Geschäftsleben verleitet uns der hektische Alltag zu vorschnellen Entscheidungen, egal ob in der Ausübung eines einfachen Jobs oder im Management. Zeit ist Geld! Dabei wird jedoch ein sehr wichtiger Aspekt übersehen! Wie Sie bereits im Zuge dieser Seiten erkannt haben, entstammt der erste Impuls aus unserem Bewusstsein in Form von Gefühlen. Doch die wirklich guten Entscheidungen treffen wir erst, wenn wir nicht sofort auf die Impulse reagieren, sondern uns einen Moment mehr Zeit nehmen, um aus unserer Weisheit heraus zu agieren. Dadurch passiert der Wandel im Bewusstsein. Durch andere Gedanken und Entscheidungen entstehen andere Erfahrungen. Die schnellen Impulse aus dem Unterbewusstsein bringen uns immer wieder zu den gleichen, wenig zufriedenstellenden Ergebnissen. Eine Entscheidung aus Weisheit dauert einen kurzen Moment länger. Doch formt sie unser Bewusstsein, und Weiterentwicklung kann passieren.

Wie die Programmierung auf Erfolg vorgenommen werden kann, möchte ich anhand eines Beispiels aufzeigen. Ich wähle dazu dieses Buch. Wenn man ein Buch schreibt, das für jeden Menschen eine Bereicherung seines Lebens darstellt, so liegt es in der Natur der Sache, die Absicht zu verfolgen, dass dieses so viele Menschen wie möglich auch lesen. Lassen Sie uns diese Absicht nicht mit dem Verstand betrachten, der hauptsächlich auf Gewinnmaximierung aus ist, sondern mit dem Herzen. Was ist anders? Anstatt die am besten geeigneten Vermarktungsstrategien zu prüfen und werbewirksame Slogans zu entwickeln, orientiert sich das Herz an der passenden Zielgruppe und den höheren Zielen. Herkömmliche Vermarktungsstrategien zielen auf eine hohe Anzahl verkaufter Exemplare in möglichst vielen Zielgruppen ab, egal ob die Leser davon überhaupt profitieren können oder nicht.

Das Herz zielt aber darauf ab, dass dieses Buch möglichst jene Menschen erreicht, die sich weit genug für das geöffnet haben, was darin geschrieben steht, und die es annehmen und auch für sich anwenden können. In erster Linie sieht das Herz dieses Buch als Träger der Liebe, denn bei der Transformationsarbeit geht es nur um die Liebe und so muss auch alles andere auf die Liebe ausgerichtet sein. Das beginnt beim Cover und dem Titel und setzt sich in der Art und Weise fort, wie das Buch angepriesen wird.

Es hängt von mir als Autor ab, aus welchem Bewusstseinszustand heraus ich die Vermarktung angehe und dementsprechend wird sich auch das Buch am Markt entwickeln. Es wird mir und dem Buch nicht dienlich sein, wenn es von Menschen gelesen wird, die sich schwer tun, die grundsätzliche Ausgangsbasis für dieses Buch anzunehmen. Sie werden vieles nicht verstehen können und daher eine negative Bewertung abgeben, was wiederum andere potentielle Leser, die der Zielgruppe entsprechen, vom Kauf abhalten könnte. Um mögliche Blockaden in meinem Bewusstseinsfeld feststellen zu können, die das Buch an der Erfüllung seiner Aufgabe hindern könnte, habe ich meiner Seele folgende Fragen gestellt:

- Was ist in mir, das mich davon abhalten könnte, die richtigen Menschen zu finden, die mich bei der Fertigstellung und der Vermarktung dieses Buches bestmöglich unterstützen?
- Was ist in mir, das dieses Buch davon abhalten könnte, seine höhere Bestimmung zu erfüllen?
- Was ist in mir, das die Zielgruppe davon abhalten könnte, dieses Buch zu kaufen?
- Was ist in mir, das die Leser davon abhalten könnte, dieses Buch weiterzuempfehlen?

Ich war sehr überrascht, wie viele und besonders welche eigenartigen Muster in mir hochgekommen sind. Die meisten waren alte Prägungen, die ich aus früheren Leben mitgebracht habe, um sie in diesem Leben zu erlösen. Die richtigen Fragen zu stellen und die Transformation durchzuführen waren die Voraussetzung, um qualifiziert in die weiteren Vorbereitungsarbeiten zur Veröffentlichung gehen zu können. Aufgrund der jetzt veränderten Voraussetzungen im Bewusstsein wird die weitere Arbeit zu einem anderen Ergebnis führen als noch vor wenigen Minuten vor der Transformation. Auf welche Art und Weise das Buch auf den Markt kommt, spielt jetzt sehr viel weniger eine Rolle, denn die Absicht der Liebe dahinter lässt das Buch von selbst seinen Weg finden. Ich habe die Seele des Buches programmiert und ihr meine Zielsetzung dargelegt und lasse jetzt los, damit sich alles entwickeln kann. Selbst wenn mancher andere Wege beschritten hätte, kann ich sicher sein, dass das Buch sein Ziel erreicht. Dies ist der Weg der Weisheit, der Liebe und des Vertrauens und jeder andere Weg würde einen massiven Mehraufwand an Energie bedeuten, um zu einem vergleichbaren Ergebnis zu führen. Die herkömmlichen Wege sind immer von Widerständen gekennzeichnet und sie können auch keinesfalls langfristig von Erfolg gekrönt sein, ohne ständig Korrekturen und Anpassungen vorzunehmen und weitere Energie zu investieren. Das Buch hat jetzt seine passende Ausrichtung und bekommt all die Unterstützung, die es benötigt, um seinen Auftrag zu erfüllen. Die Kraft hinter der Liebe ist unvorstellbar groß! Alles, was leicht geht, ist richtig und wenn es mehr Kraft und Einsatz erfordert, ist der Weg der falsche.

Eine Erwartungshaltung ist nicht mehr gegeben, und es gibt auch keinen Absatzplan, den man in weiterer Folge mit den effektiven Verkaufszahlen vergleichen kann. Diese Vorgangsweise widerspricht zwar allem, was ich im Zuge meiner Tätigkeit in der Wirtschaft gelernt habe, doch es fühlt sich einfach wundervoll an und es funktioniert. Die Voraussetzung, um so agieren zu können, ist ein tiefes Vertrauen in die Führung der Seele, die alles überblickt und so steuert, dass es sich so entwickeln kann, wie es dem großen Ganzen dienlich ist. Die einzig sinnvolle Programmierung zur Unterstützung meines Wirkens ist dieser Glaubenssatz:

Neuer Glaubenssatz: Ich bin ein Diener der göttlichen Einheit.
Gefühl: Liebe; **Emotion**: Allumfassende, bedingungslose Liebe

Wenn sich jetzt in Ihnen Widerstand regt, für Ihre künftigen Projekte ähnlich vorzugehen, so sollten Se den Impulsen Ihrer Seele folgen und sich diese Muster genau ansehen.

Lassen Sie mich den Weg der Weisheit und der Liebe anhand eines weiteren Beispiels darstellen. Es ging darum, einen Workshop zu entwickeln und diesen öffentlich bekannt zu machen, in dem die Teilnehmer zum Transformations-Coach ausgebildet werden und selbst in die Lage versetzt werden sollen, weitere Transformations-Coaches auszubilden. Es handelt sich dabei um drei Ziele. Zu Beginn erlernen die Teilnehmer die aktive Bewusstseins-Programmierung für sich selbst ohne Anleitung anzuwenden. Im zweiten Teil werden die Teilnehmer, die dies bereits können, soweit geschult, um selbst als Transformations-Coach arbeiten zu können, um selbst in

der Lage zu sein, in das Bewusstseinsfeld ihrer Klienten einzusteigen und dort die Muster zu erkennen, die nicht in der Liebe sind. Zu guter Letzt erlernen die Transformations-Coaches, wie sie selbst neue Coaches ausbilden, damit sich dieses Wissen möglichst schnell in allen Ländern der Welt ausbreiten kann. Wie Sie erkennen können, geht es dabei nicht wie so oft bei Seminaren um Workshops darum, den Teilnehmern etwas beizubringen, was sie in Wahrheit nicht brauchen, sondern es geht darum, eine Kettenreaktion auszulösen, die die Welt zum Positiven verändert und dazu beiträgt, möglichst viele Menschen in die Liebe zurückzuführen.
Ich stellte mir diese Fragen:

- Was ist in mir, das mich davon abhalten könnte, die Workshop-Module so zu gestalten und abzuhalten, dass sie die Zielsetzung für die Teilnehmer vollständig erfüllen?
- Was ist in mir, das mich davon abhalten könnte, die richtigen Menschen zu finden, die mich bei der Umsetzung der Workshops unterstützen?
- Was ist in mir, das die Zielgruppe davon abhalten könnte, an den Workshops in der Zahl teilzunehmen, wie es dem großen Ganzen dienlich ist?

Das eindeutige Ergebnis folgte unmittelbar nach Ausschreibung des Workshops. Innerhalb von vierundzwanzig Stunden war dieser ausgebucht und es kamen wundervolle Menschen, die alle die Absicht in sich tragen, ihr neues Wissen zum höchsten Wohle aller anzuwenden und in die Welt zu tragen. Zahlreiche Nachfolgeworkshops wurden bereits gegeben und die Kettenreaktion hat begonnen.

Dies waren zwei kleine Wirtschafts-Beispiele aus meinem persönlichen Bereich, um Ihnen die grundlegende Vorgangsweise näherzubringen. Sollte Ihnen die Umsetzung im Großen als unmöglich erscheinen, so sollten Sie diesen Glaubenssatz jetzt sofort transformieren. Es bedarf natürlich einer mutigen Persönlichkeit, die dieses Wissen auch in die

Betriebe trägt und den Wirtschaftsbossen klar macht, dass es eine wundervolle Alternative zu ihrem derzeitigen Konzept gibt. Sobald die Bereitschaft eines Unternehmens gegeben ist, die Unternehmensziele an die zweite Stelle zu setzen und zuoberst das höchste Wohl allen Lebens zu stellen, dann ist bereits viel gewonnen. Natürlich bedarf es einer völligen Neuausrichtung der Unternehmensstrategie. Doch ist dies sehr viel einfacher umzusetzen, als Sie es sich vielleicht im Moment vorstellen können. Man braucht dazu nur konsequent der Weisheit den Weg vorgeben zu lassen, dann ist es nur noch erforderlich, das Bewusstsein der Menschen an der Unternehmensspitze auf die veränderte Zielsetzung abzustimmen und alle Blockaden zu beseitigen. Wenn ein Unternehmen dies umsetzen möchte, so wird dies auch möglich sein. Die Voraussetzung dafür ist aber die Ernsthaftigkeit, denn der Weg der Liebe erfordert Konsequenz und Durchhaltevermögen. Wenn Sie als Unternehmer oder Entscheidungsträger in Ihrem Betrieb oder Ihrer Organisation dieses Ziel anstreben, so sollten Sie sich im Vorfeld mit den folgenden Fragen auseinandersetzen:

- Was ist in mir, das mich davon abbringt, den Weg der Weisheit und der Liebe konsequent zu gehen?
- Was ist in mir, das mich vor der Macht anderer zurückschrecken lässt und mich vom Weg des Herzens abbringt?

Nutzen Sie die Kraft der Liebe! Es gibt keine größere. Sie werden sich stärker fühlen als je zuvor und Sie werden positiv überrascht sein, wie Ihr Umfeld auf Ihren Vorstoß reagiert. Wenn Sie kein Entscheidungsträger sind, dann ist es Ihnen trotzdem möglich, in Ihrem Betrieb eine Kehrtwendung zu erreichen. Sie müssen sich dazu nur mit den obigen Fragen beschäftigen, dann werden Sie die Kraft dazu umgehend in sich wahrnehmen können und jede Menge Unterstützung bei Ihren Kollegen bekommen.

Sofern Sie den Eindruck gewonnen haben, dass die Durchführung der in diesem Buch angeführten

Transformationen und Neuprogrammierungen in Ihrem persönlichen Bewusstseinsfeld eine Menge Arbeit bereitet, dann stimme ich Ihnen nur zum Teil zu. Es bedeutet, dass Sie sich mit sich selbst beschäftigen und auf Ihre Seele hören müssen, um Ihre nicht mehr dienlichen Programmierungen zu erkennen. Aber es lohnt sich. Wenn Sie von Zeit und Mühe sprechen, dann müssen Sie auch die Frage zulassen, wie viel Zeit Sie bisher aufgewendet haben, um sich mit Ihren Sorgen zu beschäftigen, Ihren Ängsten auszuweichen und Ihren Geist mit Ablenkung verschiedenster Art ruhig zu stellen. Ihr bisheriger Aufwand übersteigt die Transformationsarbeit bei weitem und die Transformation ist zeitlich begrenzt, denn schon bald erreichen Sie einen Status, wo es keiner Spiegelungen im Außen mehr bedarf. Sie erreichen eine Bewusstseinsentwicklung, für die Sie sonst Jahre oder Jahrzehnte oder vielleicht sogar die eine oder andere Inkarnation benötigen würden. Sie können innerhalb von Wochen Ihr Leben von Ängsten, Dramen und schmerzhaften Erfahrungen völlig befreien und auf Erfolg ausrichten. Das ist es doch wert, oder? Der Lohn ist Liebe in allen Lebensbereichen, und wer will in Wirklichkeit etwas anderes? Viele glauben:

- Solange das alles in sich einschließende System rund um Geld und Macht in unserer Welt existiert, ist ein Leben in Liebe und Freiheit unmöglich.
- Das System lässt sich von innen heraus nicht verändern.

Sind diese Überzeugungen auch in Ihnen abgespeichert? Was für ein riesengroßer Irrtum! Letztlich geht es darum, dass wir Menschen nicht mehr einfach nur funktionieren und uns innerhalb dieses Systems das Leben soweit lebenswert machen, wie es eben die Umstände und das System zulassen. Es geht jetzt darum, bewusst bei sich selbst zu beginnen, um die Grundlagen zu verändern, die zum aktuellen Zustand unserer Welt geführt haben, um auf dieser neuen Basis aufbauend eine völlig neue Gesellschaft zu begründen. Alles hat klein begonnen und sich im Laufe der Zeit entwickelt, und je mehr

Menschen die Freiheit für sich erlangt haben, umso eher werden auch alle anderen Menschen frei sein! Manche mögen sagen, all dies ist nur Träumerei und kann niemals realisiert werden. Mit anderen Worten:

- Unsere Welt wird sich niemals ändern.

Was für ein mächtiger Glaubenssatz – höchste Zeit, auch diesen zu transformieren!
Sowie Sie sich als Einzelner von den Abhängigkeiten befreit haben, das Geschehen um sich herum in aller Ruhe beobachten, dann werden Sie nur am Rande davon berührt. Dies fühlt sich besser an, als sich mitten im Geschehen zu befinden und tagtäglich kämpfen zu müssen. Lassen Sie mich als Sprachbild ein Fußballspiel anführen. Es macht einen gravierenden Unterschied, ob Sie am Spielfeld als aktiver Spieler mitwirken und die diversen Fouls der Gegner selbst einstecken müssen und hart rangenommen werden, oder ob Sie als Zuschauer alles beobachten können. Je mehr Sie Ihre eigenen Muster transformiert haben, umso weiter nach hinten wandert Ihr Sitzplatz und umso weiter entfernt läuft das Geschehen am Spielfeld ab. Nach erfolgter Transformation Ihrer Lebensthemen sitzen Sie hingegen gemütlich in der hintersten Reihe, nahe am Buffet und am Ausgang und können zu jeder Zeit entscheiden, ob Sie sich mit dem Spiel näher auseinandersetzen oder nicht. Sie können auch vorübergehend kurz auf das Spielfeld gehen und mitwirken, doch sind Sie der schnellste und leichtfüßigste Spieler von allen und können den Ball nach Ihren Wünschen dirigieren und seine Bahn bestimmen, solange Sie eben Freude daran haben. Das Spiel verläuft dann ganz nach Ihren Vorstellungen und nicht mehr so, wie es der Zufall gerne möchte.

Es ist mir auch wichtig, darauf einzugehen, warum diverse Methoden wie z.B. „das positive Denken und visualisieren", das in zahlreichen Büchern propagiert wird, nicht dauerhaft funktionieren können. Ganz einfach deshalb: Solange man positiv denkt und die Aufmerksamkeit auf das gerichtet hält, das man erreichen möchte, hat dies positive Effekte. Aber sobald die Konzentration wieder nachlässt oder aufhört, hat das alte Muster wieder die Oberhand gewonnen. Unsere Konzentrationsfähigkeit ist stark eingeschränkt. Bereits nach wenigen Sekunden schleichen sich wieder andere Gedanken ein und unsere Konzentration lässt nach. Unsere inneren Programme hingegen sind von unserer Konzentration unabhängig den ganzen Tag in jeder einzelnen Sekunde schöpferisch wirksam. Positiv zu denken ist gut, doch dies alleine bedeutet die Verweigerung, genau hinzusehen und die Programme zu erkennen, die das gewünschte Ergebnis verhindern.

Bewusste Schöpfung zu betreiben, bedeutet letztlich nichts anderes, als ein klares Ziel zu definieren und alle Einschränkungen, die der Zielerreichung im Wege stehen, zu beseitigen. Je nachdem, worum es sich handelt, kann die eine oder andere positive Programmierung dienlich sein, um die Zielerreichung zu unterstützen. Grundsätzlich sind wir aber auf Erfolg programmiert. Die Erreichung unserer Ziele hängt nur davon ab, ob wir alle Muster beseitigt haben, die uns im Wege stehen. Wie die Fragen formuliert werden sollen, die Sie Ihrer Seele stellen, um Ihre Ziele erreichen zu können, ist Ihnen ja bereits bekannt.

Die Freiheit ist jederzeit möglich, und den Schlüssel dazu kennen Sie nun. Der Lohn für Ihre Arbeit ist die Liebe und ein entspanntes Leben in Fülle und Freude. Wenn Sie dies anstreben, dann benutzen Sie den Schlüssel, der in Ihren Händen liegt!

Die Programmierung des Egos

Das größte Hindernis, um Veränderungen in unserem Leben und in der Welt zu ermöglichen, ist unser Ego. Es möchte mit aller Kraft den Istzustand aufrecht erhalten, seine Position festigen und ausbauen und wehrt sich mit allen Mitteln gegen Veränderungen. Es fürchtet, Nachteile zu erlangen, wenn es aufhört zu kämpfen und übersieht dabei die Chancen, die sich auftun und verhindert dadurch das unbeschreiblich schöne Gefühl der Leichtigkeit und des spielerischen Umgangs mit dem Leben. Es will die Illusion weiter leben und am Glauben festhalten, dass durch Kampf Vorteile geschaffen und erhalten werden können. Blicken wir erneut in die Welt und betrachten die Schauplätze, an denen gekämpft wird. Egal ob in den Familien oder in Unternehmen, auch in der Politik und allen kriegerischen Auseinandersetzungen wie im Nahen Osten, Korea und vielen anderen Bereichen – überall kämpfen die Egos gegeneinander und wann glauben Sie, wird dies aufhören? Wohl erst dann, wenn die Menschen erkannt haben, dass ihnen ihr Ego nur im Wege steht und eine Veränderung in Richtung Frieden, Zusammenarbeit und gegenseitige Wertschätzung verhindert.

Aber auch unser Ego ist nur ein Programm, das vor langer Zeit geschrieben wurde. Dieses Programm kann jeder für sich auf eine ganz einfache Art und Weise verändern und seinem Ego eine neue Aufgabe übertragen. Das Ego soll vom Kämpfer zum Wächter werden und eine entspannte ruhige Aufgabe in Ihrem Innersten übernehmen. Jeder Mensch, der sein Ego gebändigt hat, ist offen für Kooperationen in jeglicher Form und für friedliche Lösungen aller Art, und niemand braucht zu fürchten, benachteiligt zu werden. Ganz im Gegenteil, ein Leben mit einem befriedeten Ego ist sehr viel reicher an allem, was das Leben lebenswert macht. Sofern Sie glauben, dass Sie kein Ego haben oder dieses ohnedies nur ganz klein ist, dann könnte es sein, dass Sie Ihr Ego mit Ihrem Selbstvertrauen verwechseln. Sie werden die wahre Größe Ihres Egos erst erkennen, wenn Sie dieses visualisiert haben und Sie werden überrascht sein, wie mächtig dieses wirkt, selbst dann, wenn Sie eher ein schüchterner und zurückgezogener Mensch sind. Wir alle haben ein Ego mit einer alten Programmierung und je eher Sie dieses neu programmieren, umso eher werden Sie sich frei fühlen.

Die Vorgangsweise ist denkbar einfach. Sie brauchen dazu nur Ihr Ego ansprechen und es bitten, sich vor Ihrem geistigen Auge zu zeigen. Auch wenn Sie visuell nicht so begabt sind, werden Sie eine Vorstellung davon haben, wie Ihr Ego in etwa aussieht und selbst wenn Ihnen dies schwerfällt und Sie keine inneren Bilder haben sollten, können Sie die Umprogrammierung trotzdem vornehmen. Nachdem Sie mit Ihrem Ego in Kontakt getreten sind, bedanken Sie sich bei ihm für seine Dienste, die es Ihnen bislang geleistet hat. Überschütten Sie es mit der Liebe aus Ihrem Herzen.
Nun geht es zur Umprogrammierung. Dafür sagen Sie ihm folgendes:

„Liebes Ego, die Zeit des Kampfes ist vorbei! Ich verfolge neue Ziele und ersuche Dich um Deine Unterstützung. Das Ziel ist nicht mehr der Kampf um meinen persönlichen Vorteil, sondern ab sofort strebe ich nach einem Leben in harmonischer Einheit mit allen Menschen, der Natur, den Tieren, Pflanzen und dem Planeten Erde. Lass alle alten Aufgaben jetzt los und sei mein Wächter, der sich nur dann zu Wort meldet, wenn etwas gegen mein höchsten Wohl und gegen die Einheit gerichtet ist. Nimm diese neue Aufgabe jetzt an, verändere deine Gestalt und passe dein Verhalten deinem neuen Auftrag an. Ziehe dich in mein Innerstes zurück und wache über mein Wohlergehen und unterstütze mich bei der Ausrichtung auf das höchste Wohl der Einheit von allem was ist. Ich danke dir von Herzen!“

Ab diesem Zeitpunkt werden Sie in zahlreichen Situationen viel gelassener reagieren als zuvor und Ihre Werte beginnen sich zu verändern. Dinge, um die Sie früher noch gekämpft haben, verlieren an Bedeutung, und das gesamte Leben wird leichter und entspannter. Sie beginnen nach Höherem und einer intensiveren Form des Ausdrucks der Liebe zu streben.

Unsere Grundprogrammierung dient letztlich nur der Verzögerung des Unausweichlichen. Ein Programm zur Unterdrückung des Göttlichen ist in uns. Wir verwenden unvorstellbar viel Energie, um diese Programme laufend zu bestätigen, dagegen zu kämpfen und die Auswirkungen zu managen. Merken Sie sich den Grundsatz für das Leben: Es darf auch leicht gehen!

Wo sind die Grenzen der aktiven Bewusstseins-Programmierung?

Sie könnten den Eindruck gewonnen haben, dass die aktive Bewusstseins-Programmierung für so gut wie alle Lebenslagen schnell und erfolgreich eingesetzt werden kann; und da stimme ich Ihnen absolut zu. Vielleicht haben Sie sich auch schon gefragt, ob es denn doch gewisse Grenzen und Bereiche gibt, in denen man anders agieren muss, um zum Erfolg zu kommen. Wir haben in diesem Buch bisher die wesentlichsten Bereiche unseres Lebens beleuchtet, doch die Möglichkeiten, die uns diese Methode bietet, scheinen nahezu unerschöpflich. Ich bin sicher, dass viele Menschen, die diese Zeilen lesen, die Gelegenheit nutzen, um meine bisherigen Erkenntnisse auf andere Bereiche auszudehnen, um noch tiefer in die Materie einzusteigen. Es ergeben sich daraus völlig neue Möglichkeiten, an die bisher noch nicht gedacht wurde, und wir können uns freuen, was sich daraus noch alles entwickeln wird. Das Experimentierfeld ist eröffnet und es kann sich daraus noch vieles entwickeln, woran Sie und ich heute noch nicht einmal im Ansatz gedacht haben.

Das besonders Schöne daran ist, dass jede Programmänderung nur zu unserem höchsten Wohle geschehen kann, denn die Veränderungen sind darauf ausgerichtet, alles, was nicht in der Liebe ist, in Licht und Liebe zu verwandeln. Eine kleine Veränderung mit großer Wirkung. Es gibt aber auch Einschränkungen. Die eine ist die, dass nur positive Programmänderungen möglich sind und die andere ist jene, dass gewisse Grenzen selbst mit diesem so mächtigen Werkzeug nicht überschritten werden können. Ich wäre nicht ich, wenn ich nicht vieles ausprobiert hätte und an die Grenzen des Machbaren gegangen wäre. Je tiefer man in die Materie eintaucht, umso mehr stellen sich grundlegende Fragen wie z.B.: Kann ich mich vom Kollektiv „Menschheit“ vollständig loslösen und alle damit in Verbindung stehenden Abhängigkeiten abstreifen? Ist es möglich, aus diesem Körper auszusteigen und diesen einfach zurückzulassen und völlig frei von Raum und Zeit sein? Besteht die Möglichkeit, mich von den Vorgaben meines Seelenplans loszulösen? Um das zu erreichen, wäre es ja ein Leichtes, die folgenden, in unser aller Bewusstsein abgelegten Muster zu transformieren.

- Ich bin mit diesem Körper untrennbar verbunden
- Ich bin mit dem Kollektiv untrennbar verbunden
- Ich bin an meinen Seelenplan gebunden

Oder man könnte daran denken, eine neue Programmierung einzubringen, wie z.B.:

- Mein Körper ist unsterblich.

Zugegeben, hier geht die Sache schon sehr weit, doch beschäftigen mich diese Fragen schon sehr. Doch die Antwort folgte unmittelbar auf den Versuch. Nein, diese Muster lassen sich nicht so einfach transformieren bzw. programmieren, wie dies bei den alltäglichen Programmen der Fall ist. Diese Grenzen sind unüberwindbar, weil dies einen Verstoß gegen die kosmischen Prinzipien und den göttlichen Plan darstellt; und das ist nicht vorgesehen. Verlockend wäre auch, diverse Umprogrammierungen nicht nur in seinem persönlichen Bewusstseinsfeld durchzuführen, sondern dies auch im kollektiven Feld zu tun. Ja, warum denn eigentlich nicht? Es gäbe doch nichts Einfacheres, als alle Menschen in meine Transformationsarbeit einzubinden, und schon wären die größten Probleme unserer Welt aus dem Weg geschafft. Wenn es nur so einfach wäre! Hier stoßen wir erneut auf eine Grenze, und zwar die des freien Willens. Dazu bräuchten wir das Einverständnis aller auf der Erde inkarnierten Seelen. Und dieses zu bekommen, erscheint mir in dieser Zeit äußerst unwahrscheinlich. Sie können durch Ihre eigene Transformation das Kollektiv beeinflussen, so wie dies jeder von uns sowieso laufend tut, Sie können im kollektiven Bewusstseinsfeld jedoch keine Transformationen vornehmen und neue Programme einbringen. Sie können also beruhigt sein. Von höchster Stelle wird darauf geachtet, dass wir diese Methode nur dazu benutzen, um unsere persönlichen

Blockaden zu beseitigen, unser Bewusstsein schnell zu entwickeln und zur Liebe und in die göttliche Einheit zurückzufinden. Jemanden oder sich selbst durch Fehlanwendung ungewollt zu schaden, ist unmöglich. Auch Missbrauch in jeglicher Form ist ebenso definitiv ausgeschlossen! Eine einfache und sichere Methode, die zum höchsten Wohl allen Lebens beiträgt.

Anwendung und Weitergabe dieses Wissens

Grundsätzlich ist die aktive Bewusstseins-Programmierung für alle Menschen in jeder Lebenslage erfolgreich anwendbar. Die meisten werden diese zu Beginn dazu verwenden, um ihre Lebensbereiche zu betrachten, in denen sie nicht vollkommen glücklich sind und alle Muster und Programme ausfindig machen und beseitigen, die ihnen das Leben schwer machen. Viele werden zuerst dafür sorgen, dass alle Mangelerscheinungen in ihrem Leben verschwinden und wieder Fülle sowohl im materiellen als auch im emotionalen Bereich einkehrt. Bei genauerer Betrachtung werden sie jedoch die Tragweite erkennen und feststellen, dass die Menschheit dadurch in der Lage ist, sämtliche Herausforderungen zu bewältigen. Ich möchte einige wenige Beispiele herausgreifen.

Die Medizin erhält ein zusätzliches Werkzeug, um auf einem völlig anderen Weg schnell und nachhaltig Heilung zu ermöglichen und Rückfälle zu vermeiden. Egal ob für körperliche Beschwerden oder psychische Erkrankungen, sobald der Verstand des Patienten funktioniert, kann dieser aktiv Veränderungen vornehmen, die mit sofortiger Wirkung zur Heilung beitragen. Selbst Unfälle können damit vermieden werden und eine kostengünstige Revolution des gesamten Gesundheitswesens wird damit möglich.

Eine sehr wesentliche Bedeutung hat die aktive Bewusstseins-Programmierung aber auch im Strafvollzug, denn Täter und Opfer können gleichermaßen Heilung erfahren, die Ursachen für die Geschehnisse erkennen und dafür sorgen, dass diese nicht wieder vorkommen. Strafe als Methode zur Entwicklung von Bewusstsein wird dadurch hinfällig, es geht viel schneller und ganz ohne Leid, denn jede Strafe bedeutet, dem Täter Leid zuzufügen. Die Heilung der Ursachen für die Tat und die bewusste Vergebung sind die einzig richtigen Schritte, um zur Liebe zurückzukehren.

Politik und Wirtschaft befinden sich in einer Sackgasse, dringend erforderliche Reformen und Entwicklungen sind schon lange überfällig und doch scheitern sie immer wieder an den gleichen Hürden. Dank dieser Methode können sich Parteien und Unternehmen nach neuen Zielen ausrichten und alle Störfaktoren und Hindernisse aus dem Weg räumen, die sie in ihrer Zielerreichung behindern. Strategien können auf ihre Umsetzbarkeit und Wirksamkeit überprüft und auf Erfolg programmiert werden. Der Nebeneffekt ist, dass sich sowohl Politik als auch Wirtschaft auf das Gemeinwohl ausrichten und die Ego-Kämpfe aufhören.

Die Auswirkungen auf die Lebensqualität aller sind dadurch enorm, das Leben macht allen wieder Freude und die Ursachen für Armut und Hunger können beseitigt werden. Kriege und Konflikte werden gelöst und enge lokale und globale Kooperationen werden selbst in Regionen möglich, wo die Menschen derzeit verfeindet sind und dies heute noch als unvorstellbar gilt.

Indem dieses Wissen zu den Kindern gebracht wird, entsteht eine neue Generation, die viel bewusster lebt, völlig anders denkt und agiert und dadurch werden die verkrusteten Strukturen unserer Gesellschaft innerhalb nur einer Generation grundlegend verändert. Eine riesengroße Chance für unsere Welt! Die Aufzählung könnte nahezu endlos fortgesetzt werden, doch machen Sie sich selbst ein Bild und erkennen Sie, was noch alles möglich ist und welch wertvolles Werkzeug Ihnen zur Verfügung steht.

Ich gehe davon aus, dass Sie sich ebenso wie ich danach sehnen, dass sich unsere Welt möglichst schnell grundlegend verändert, überall Frieden einkehrt, ein Miteinander entsteht, das von höchster gegenseitiger Wertschätzung geprägt ist und der Umwelt, unserer Lebensgrundlage, höchster Respekt entgegengebracht wird. Die meisten Menschen erwarten den Wandel jedoch durch Einflussnahme von Außen. Warum ist das eigentlich so? Es scheint so, als würden die meisten davon ausgehen, dass ein Wandel der Menschheit aus eigener Kraft nicht möglich ist. So hofft man auf Hilfe von Außen bzw. von höheren Mächten. Was steckt hinter der Annahme, dass wir selbst dazu nicht in der Lage sind? Was ist in unserem Bewusstsein vorhanden, das eine Veränderung zum Guten unvorstellbar macht? Die dafür verantwortlichen Programme kennen Sie nun. Mächtige Gefühle wie Machtlosigkeit, Wertlosigkeit, nicht das Recht zu haben und sich außer Stande zu fühlen, etwas zu verändern, dominieren unsere Welt. Wenn wir darauf warten, dass der Wandel durch äußere Einflüsse eingeleitet wird, dann werden wir noch lange warten, und uns aller Voraussicht nach unsere Lebensgrundlage und damit uns selbst zerstört haben. Gemäß den kosmischen Prinzipien werden wir zwar mit den Auswirkungen unseres Handelns konfrontiert und diverse Ereignisse, Krisen und Katastrophen werden sich einstellen, aus denen wir erkennen und lernen sollen, doch eine Veränderung unserer Gesellschaft müssen wir selbst herbeiführen und diese führt wiederum nur über eine Veränderung unseres Bewusstseins.

Die äußeren Einflüsse, auf die viele warten, sind Informationen wie die hier vorgestellten Werkzeuge und eingebrachten Impulse und Denkanstöße. Zahlreiche Menschen entdecken dadurch neue Möglichkeiten, wie wir unsere Welt grundlegend wandeln können. Doch der Wandel findet in jedem Einzelnen von uns seinen Ausgangspunkt. Ich möchte Ihnen damit bewusst machen, dass Sie die Quelle des Wandels sind, und indem Sie Ihre Programme verändern, verändern Sie damit in gewissem Maße auch Ihr unmittelbares Umfeld. Wenn sich jedoch unsere gesamte Welt verändern soll, müssen entsprechend viele Menschen diese Wandlung in sich vollziehen. Daher ist es von größter Bedeutung, dass das Wissen, das Sie in Ihren Händen halten, zu so vielen Menschen wie möglich gelangt. Jeder Leser ist ein Multiplikator und je mehr Menschen Sie erreichen können, umso mehr Multiplikatoren erreichen Sie.

Es mag sein, dass es Ihnen heute noch nicht ganz so leicht von der Hand geht, Ihre Muster zu erkennen und zu transformieren. Daher empfehle ich Ihnen, mit den Menschen in Ihrem Umfeld eine Gruppe zu bilden, um sich gegenseitig bei der Beseitigung nicht mehr dienlicher Programme behilflich zu sein. In der Anfangsphase alleine zu arbeiten, könnte eventuell anstrengend sein. Es erfordert Konzentration und Zeit und verändert Ihren gewohnten Ablauf. Aber wie viel Zeit, Anstrengung und Konzentration erfordert es, sich weiterhin mit den Auswirkungen der Ereignisse in Ihrem Leben zu befassen, die Ihnen nicht gefallen und Ihre Lebensqualität gering halten? Es lohnt sich tausendfach für Sie und alle, die mitmachen und Sie tragen dazu bei, dieses Wissen zu verbreiten.

Nutzen Sie dieses Wissen nicht nur für sich selbst, sondern tragen Sie es zu so vielen Menschen wie möglich, denn nur darüber erreichen wir gemeinsam eine Kehrtwendung in unserer Gesellschaft!

Transformations-Coaching

Sie kennen nun eine Reihe äußerst wirksamer Werkzeuge, mit denen Sie tiefgreifende Veränderungen in Ihrem Leben erreichen können. Deren Anwendung ist, wenn Sie sich an die Anleitungen halten, einfach und der Erfolg ist mit sofortiger Wirkung erkennbar. Es erfordert allerdings eine Portion Selbstdisziplin, dies auch wirklich zu tun, in sich zu gehen und den Kontakt zur Seele zu suchen. Je nachdem, ob diese Eigenschaft in Ihnen mehr oder weniger stark ausgeprägt ist, werden Sie gut alleine zurecht kommen oder sich jemandem anvertrauen, der Sie bei der Identifikation und Transformation Ihrer inneren Programme unterstützt. Je mehr sich jemand dazu berufen fühlt, diese Techniken bis ins Detail auszuprobieren und für sich anzuwenden, umso eher wird sich diese Person auch dafür eignen, andere Menschen dabei zu unterstützen.

Es eröffnet sich hier ein neues berufliches Betätigungsfeld, das ich als Transformations-Coaching bezeichne. In der Phase der Entdeckung und Weiterentwicklung dieser Techniken habe ich nicht nur in meinem persönlichen Bereich experimentiert, sondern zahlreiche Personen gecoacht und dabei gelernt, den Kontakt zu deren Seele aufzunehmen, um ihre Programmierungen und zusätzliche Informationen erfahren zu können. Ich war und bin immer wieder fasziniert, wie hocherfreut die Seelen sind, wenn sie gehört werden und welch interessante Informationen sie bereit sind, preiszugeben. Im Zuge dessen durfte ich erkennen, dass alle Menschen einen gut gefüllten Lebensthemen-Rucksack mit in diese Inkarnation gebracht haben, den es abzuarbeiten gilt. Ich habe festgestellt, dass es sich dabei ausschließlich um Heilung dreht – Heilung für sich selbst und alle Beteiligten, denn in früheren Leben hatten wir oft dramatische Erlebnisse, die wir damals nicht verarbeiten konnten und somit ist es unsere Lebensaufgabe, dies jetzt nachzuholen. Die Schwierigkeit dabei ist die, dass wir wieder durch den Schleier des Vergessens gehen mussten und uns nicht mehr an die Ereignisse erinnern können.

Dank der einfachen Technik zur Reise ins Unterbewusstsein ist der Zugang zu den früheren Ereignissen möglich und es können die Lebensthemen schnell und vollständig aufgearbeitet und für immer geheilt werden. Meine Erfahrung zeigt, dass alle Menschen Transformationsbedarf haben – absolut niemand ist davon ausgenommen und je mehr jemand glaubt, nichts tun zu müssen, umso mehr Themen gilt es bei ihm zu verarbeiten. Aber nicht nur frühere Leben machen uns zu schaffen, sondern auch die Erlebnisse in diesem Leben haben ihre Spuren hinterlassen. Aus meiner Coaching-Erfahrung heraus möchte ich Ihnen im Anschluss den klassischen Ablauf eines Transformations-Coachings darlegen, um Ihnen eine Leitlinie für die Arbeit an sich selbst und mit anderen an die Hand zu geben.

Der Ausgangspunkt ist in der Regel der, dass jemand mit seinem Leben nicht glücklich ist, es Bereiche gibt, in denen immer wieder Situationen/Umstände eintreten, die emotional belastend sind und aufs Gemüt drücken. Die erste Frage richtet sich somit auf das, was im Leben des Klienten vorhanden ist, das ihm nicht gefällt bzw. was in seinem Leben fehlt, was er sich von Herzen wünscht. Sobald die Antworten auf diese Fragen notiert wurden, geht es an die Ursachenforschung, denn wie Sie schon wissen, ist die Quelle der Unzufriedenheit im Klienten selbst vorhanden. Ich führe meine Klienten zuerst immer ins Gefühl und lasse sie wahrnehmen, wie es sich anfühlt, wenn der Umstand, der als aktuelles Thema gewählt wurde, eintritt. Über das Gefühl erfolgt der Zugang zur Seele. In verbinde mich währenddessen mit der Seele des Klienten und erbitte Unterstützung und Führung. Die Verbindung zu einer fremden Seele ist ganz einfach; man braucht diese nur ansprechen und sich mit ihr mit den Worten „ich verbinde mich mit der Seele von..." in Verbindung zu setzen. Der Kontakt ist sofort hergestellt und man fühlt ihre individuelle Energie.

Als Nächstes frage ich, woran den Klienten dieses Gefühl erinnert, woher er dieses kennt und wann es seiner Erinnerung nach das erste Mal aufgetreten ist. Dies führt uns dann meist zu einem Ereignis in der Vergangenheit. Sehr oft geht dies zurück zu einem traumatischen Erlebnis in der Kindheit. Wie Sie das Trauma heilen können, wissen Sie ja bereits. Die Seele des Klienten gibt gegebenenfalls zusätzliche Informationen preis, sofern diese von Bedeutung sind.

Nachdem das Trauma beseitigt wurde, führe ich den Klienten erneut in die ursprüngliche Ausgangssituation zurück, in der sich das negative Gefühl gezeigt hat, um festzustellen, ob sich das Gefühl neutralisiert hat oder ob noch Glaubenssätze zu bereinigen sind. Was hier zu tun ist, gibt die Seele des Klienten vor – ich verlasse mich voll und ganz auf ihre Führung. Es könnte allerdings auch sein, dass mir die Seele zu verstehen gibt, dass wir es mit einem Ereignis aus einem früheren Leben zu tun haben, das zu heilen ansteht und dann führe ich den Klienten in sein Unterbewusstsein, um dort die Heilung der Beziehung durchzuführen. Auch diese Technik kennen Sie bereits. Entscheidend ist, immer wieder zum Ausgangspunkt zurückzukehren und erst dann das Thema abzuschließen, wenn das Gefühl vollkommen neutral ist und die Seele keinerlei Programme offenbart, die noch transformiert werden sollen.

Auch dieses Leben ist nicht immer völlig reibungslos verlaufen, oftmals hatten wir unangenehme Situationen, die teils tiefe Wunden hinterlassen haben. Die meisten einschneidenden Erlebnisse hatten wir mit Personen aus dem engeren Familienkreis, allen voran die Eltern und unsere Lebens- und Liebespartner. Es ist daher besonders empfehlenswert, sich an alle Erlebnisse mit den einzelnen Personen zu erinnern und sich darauf zu konzentrieren, welche Erinnerungen spontan hochkommen, welche inneren Bilder sich zeigen. Das Entscheidende ist, dass diese Bilder Heilung erfahren und sogleich ins Herz gebracht werden, um sie dort zu transformieren. Durch die Transformation im Herzen erfolgt die bereits beschriebene dreifache Vergebung und alle sind frei. Indem alle Erlebnisse mit den einzelnen Personen geheilt werden, verändern sich die Beziehungen zu ihnen deutlich ins Positive. Ob die Transformation der Erinnerung an das Ereignis alleine im Herzen ausreicht oder besser die Technik zur Trauma-Heilung angewandt werden soll, hängt von der Intensität der emotionalen Belastung ab. Tränen sind ein gutes Anzeichen dafür, dass die Trauma-Heilung bevorzugt werden sollte.

Sowie alle Beziehungen und Traumata aus diesem und dem früheren Leben geheilt wurden, bleibt nur noch die Transformationsarbeit der themenbezogenen Glaubenssätze übrig. Dies ist ein Prozess, der auf das gewählte Thema beschränkt bleiben sollte und erst dann soll das nächste Thema angegangen werden, sobald alle Glaubenssätze transformiert wurden. Die Kunst des Coaches ist die Fragestellung an die Seele, um alle Bereiche, die das Thema betreffen, zu beleuchten. Halten Sie sich dabei am besten an die Fragetechniken, die ich Ihnen in den Kapiteln zuvor bereits vorgestellt habe. Wenn Sie im Coaching mit der Seele des Klienten in Verbindung stehen, ist der Coach in der Lage, dieselbe Gefühlswahrnehmung zu haben und daher genau zu wissen, was in seinem Klienten vorgeht. Dies bewahrt den Klienten davor, sich selbst zu belügen, denn der Coach spürt ganz genau, ob alles bereinigt wurde, oder ob sich noch etwas zeigt.

Sowie Ihnen das Grundprinzip des Transformations-Coachings und die jeweiligen Techniken vertraut sind, wird es Ihnen leicht fallen, sich selbst und andere zu coachen und zum gewünschten Ergebnis zu gelangen. Transformations-Coaches werden ganz viele benötigt und je mehr Menschen sich dazu berufen fühlen, diese Tätigkeit auszuüben, umso schneller wird sich unsere Welt verändern. Transformations-Coach zu werden ist einfach und weitere Coaches auszubilden ebenso und Sie machen mir eine ganz besondere Freude, wenn Sie diese Techniken anwenden und weiterentwickeln, um den Menschen, die sich Ihnen anvertrauen, hilfreich zur Seite zu stehen. Behalten Sie dieses Wissen keinesfalls nur für sich, sondern geben Sie es an so viele Menschen wie möglich weiter und Sie unterstützen damit den Wandel unserer Welt und sorgen dafür, dass möglichst bald die gesamte Menschheit Lebenslust und Liebe verspürt.

Ein Leben als bewusster Schöpfer seiner Lebensumstände

Das Fazit meiner Arbeit ist die Erkenntnis, dass unser gesamtes Leben in der Materie seinen Ausgangspunkt im feinstofflichen Bereich findet. Alles, was ist, existiert nur, weil in unserem Bewusstsein dafür die Grundlage vorhanden ist. Indem wir die Grundlage verändern, ändert sich auch unser Leben auf der Erde. Das erste kosmische Prinzip „Geist beherrscht Materie" ist hiermit bewiesen. Die Materie ist nur der Ausdruck des Geistigen. Die Menschheit täte gut daran, sich auf die in ihrem Geist enthaltene Schöpfermacht zu besinnen und diese bewusst zum höchsten Wohle allen Lebens einzusetzen. Hiermit ist nicht nur unsere Schöpfermacht unter Beweis gestellt, sondern auch die Existenz feinstofflicher Ebenen und Wesenheiten.

Je intensiver Sie an der Transformation arbeiten, umso leichter werden Sie, umso weniger sind Sie in der Materie verhaftet und umso leichter können Sie sich von allem loslösen und sich von der Last der Materie befreien. Ab dem Zeitpunkt, wo alle nicht mehr dienlichen alten Programmierungen aus Ihrem individuellen Bewusstsein entfernt und, wo erforderlich, durch neue Muster ersetzt wurden, die auf Liebe und Glückseligkeit ausgerichtet sind, besteht kein Grund mehr, negative schmerzvolle Erfahrungen zu machen. Ab diesem Zeitpunkt ist alles in Ihrem Lebensbuch auf Grün gestellt und das Leben kann in vollen Zügen genossen werden. Es gibt im Buch des Lebens dann keine weiteren Einträge mehr, die erfahren werden müssen, sondern es beginnt die Freiheit des Schöpfers.

Bisher war Ihr Leben überwiegend davon gekennzeichnet, auf die unzähligen im Außen gespiegelten Ereignisse zu reagieren. Doch diese hören jetzt auf und Ihr Leben verläuft angenehm und ruhig. Ein bewusster Schöpfer sucht allerdings nach neuen Herausforderungen im Leben. Liebe zu erfahren, ist wundervoll, und in allen Situationen die Liebe zu erkennen und sich daran zu erfreuen, ist ein völlig neues Lebensgefühl, doch das eigentliche Leben beginnt an diesem Punkt erst, sich zu formieren. Nun besteht die Möglichkeit, alles in Ihrem Leben bewusst zu erschaffen und dafür zu sorgen, dass diese Welt durch neue, auf die Einheit ausgerichtete Schöpfungen eine andere wird. Bisher war das Lebensbuch reichlich mit Themen gefüllt, die Sie sich zu erfahren vorgenommen haben; vieles davon war einschneidend und oftmals auch schmerzvoll. Doch dies ist nun erledigt und es beginnt ein neues Lebensbuch, das sich durch etwas ganz Besonderes auszeichnet. Es ist vollkommen leer! Ein Buch, bestehend aus unendlich vielen unbeschriebenen Blättern, die sehnsüchtig darauf warten, von Ihnen gefüllt zu werden. Ein Lebensabschnitt, der sich aufgrund der zahlreichen, oft negativen Überraschungen oft fremdbestimmt angefühlt hat, ist beendet und es beginnt ein neuer Lebensabschnitt, der von Selbstbestimmung gekennzeichnet ist und sich völlig anders gestaltet als jemals zuvor.

Das höchste Ziel des Lebens, die bedingungslose Liebe zu verkörpern, und dadurch der in Ihnen wohnenden Göttlichkeit vollen Ausdruck zu verleihen, wird nun zu Ihrem Lebensinhalt. Sie verfügen über ungeahnte schöpferische Kräfte, von denen Ihr Leben nach Erfüllung der gestellten Aufgaben geprägt sein soll. Sie haben sich vorgenommen, Ihre schöpferische Macht einzusetzen, um diesem Leben einen höheren Sinn zu geben. Dies ist genau der höhere Sinn, von dem ich eingangs im Kapitel „Auf der Suche nach dem Sinn des Lebens" gesprochen habe. Denn Ihre Seelenaufgabe ist von Ego-Zielen abgekoppelt und in letzter Instanz auf das höchste Wohl allen Lebens ausgerichtet! Indem Sie durch die Definition und Verwirklichung Ihrer Seelenaufgabe dazu beitragen, dass entweder Einzelne oder eine kleinere oder größere Gruppe von Wesenheiten Liebe empfinden, kommt die in Ihnen wohnende Göttlichkeit zum Ausdruck, und je öfter Sie Ihrem Herzen Ausdruck verleihen, umso mehr leben Sie in der Fülle und erleben selbst Glückseligkeit! Und wie Sie während dieser Seiten erfahren haben, ist die Voraussetzung zur Erfüllung der Seelenaufgabe nicht die Armut und die Entbehrung, sondern alles kann in der materiellen und emotionalen Fülle erfahren und realisiert werden.

Die Entscheidung, was Sie als Ihre Lebensaufgabe definieren, wodurch Sie Ihrem Leben einen höheren Sinn geben und wie Sie dies umsetzen, kann Ihnen niemand abnehmen, denn nur Sie sind der Schöpfer Ihres Lebens. Definieren Sie Ihre Seelenaufgabe und folgen Sie ausschließlich ihrem Herzen! Sie sind die Liebe selbst – Ihre Göttlichkeit ist in Ihrem Herzen! Beginnen Sie bewusst, alles zu beseitigen, was dem Zustand der bedingungslosen Liebe und dem Ausdruck Ihrer Göttlichkeit im Wege steht und Sie haben die Erfahrungsebene, in der Sie bereits tausende Inkarnationen verbracht haben, vollständig gemeistert. Sie sind ein Meister der Materie und es gibt für Sie keinen Grund mehr, weitere Erfahrungen auf dieser Ebene zu machen. Sie sind nun bereit für den Einzug in die Dimension der Liebe und der Erschaffung des Paradieses auf Erden.

Es macht einen Unterschied, ob man den Weg kennt oder ob man ihn beschreitet!

In herzlicher Verbundenheit

Ihr
Christoph Fasching

Zusätzliche Informationen über meine Arbeit finden Sie auf meiner Internetseite:

www.botschafterdeslichts.com

Lesen sie auch die Fortsetzung meiner Forschungsarbeit am menschlichen Bewusstsein:

„Quellcode des Lebens“

ISBN 978-3-200-03376-4

3481789R00127

Printed in Germany
by Amazon Distribution
GmbH, Leipzig